"十二五"国家重点出版物出版规划项目

·税制改革论丛·

Research on The Non-equilibrium of Tax Structure: Theoretical and Empirical Analyses and Countermeasures

税制结构的非均衡性

理论、实证与对策研究

周克清 ◎ 著

中国税务出版社

图书在版编目（CIP）数据

税制结构的非均衡性：理论、实证与对策研究 / 周克清著. —北京：中国税务出版社，2017.1
（税制改革论丛）
ISBN 978-7-5678-0317-6

Ⅰ. ①税… Ⅱ. ①周… Ⅲ. ①税收制度-研究-中国
Ⅳ. ①F812.422

中国版本图书馆CIP数据核字（2015）第242473号

丛 书 名：税制改革论丛
书　　名：税制结构的非均衡性：理论、实证与对策研究
作　　者：周克清　著
责任编辑：王静波　王忠丽
责任校对：于　玲
技术设计：刘冬珂
出版发行：中国税务出版社
北京市丰台区广安路9号国投财富广场1号楼11层
邮政编码：100055
http://www.taxation.cn
E-mail:swcb@taxation.cn
发行中心电话：(010)83362083/86/89
传真：(010)83362046/47/48/49
经　　销：各地新华书店
印　　刷：北京嘉恒彩色印刷有限责任公司
规　　格：787毫米×1092毫米　1/16
印　　张：14
字　　数：228000字
版　　次：2017年4月第1版　　2017年4月第1次印刷
书　　号：ISBN 978-7-5678-0317-6
定　　价：35.00元

总 序

一

读者面前的这套丛书，系我主编的“十二五”国家重点图书出版规划项目。由初步构思到形成框架，再到撰写成书，它至少跨越了5年的时间。这期间，中国税制改革的理念、思想和战略，都发生了极大的变化。

构思这套聚焦税制改革主题的丛书，最初进入我们视野的税制改革方案，可追溯至2003年10月中共十六届三中全会做出的“分步实施税收制度改革”部署：“改革出口退税制度；统一各类企业税收制度；增值税由生产型改为消费型，将设备投资纳入增值税抵扣范围；完善消费税，适当扩大税基；改进个人所得税，实行综合和分类相结合的个人所得税制；实施城镇建设税费改革，条件具备时对不动产开征统一规范的物业税，相应取消有关收费；在统一税政前提下，赋予地方适当的税政管理权；创造条件逐步实现城乡税制统一。”

2006年3月十届全国人大四次会议将“十一五”期间的税制改革内容明确为10个项目，并写入了《中华人民共和国国民经济和社会发展第十一个五年规划纲要》：“在全国范围内实现增值税由生产型转为消费型；适当调整消费税征收范围，合理调整部分应税品目税负水平和征缴办法；适时开征燃油税；合理调整营业税征税范围和税目；完善出口退税制度；统一各类企业税收制度；实行综合和分类相结合的个人所得税制度；改革房地产税收制度，稳步推行物业税并相应取消有关收费；改革资源税制度；完善城市维护建设税、耕地占用税、印花税。”

上述部署以及据此制定的“十一五”税制改革规划，其立意显然在于“修补”——在1994年搭建的税收制度基本框架基础上，通过各种修补性的调整使其趋于完备和成熟。既然是“修补”，有关税制改革的内容安排和具体操作便具有零敲碎打特点。既然属于零敲碎打的调整，便不会涉及税制大方向的变化，亦难有脱离既有税制框架的整体性、系统性行动。事实上，上述所列的不少内容，追根寻源，还是1994年的税制改革预设或作为其后续操作而推出的。

这一情形，在2013年也就是本套丛书的研究进入关键期时发生了改变。

2013年11月召开的中共十八届三中全会，站在新的历史起点上，围绕国家治理体系和治理能力现代化的全面深化改革总体目标，对税制改革做出了全新的部署：

“财政是国家治理的基础和重要支柱，科学的财税体制是优化资源配置、维护市场统一、促进社会公平、实现国家长治久安的制度保障。必须完善立法、明确事权、改革税制、稳定税负、透明预算、提高效率，建立现代财政制度，发挥中央和地方两个积极性。”

“完善税收制度。深化税收制度改革，完善地方税体系，逐步提高直接税比重。推进增值税改革，适当简化税率。调整消费税征收范围、环节、税率，把高耗能、高污染产品及部分高档消费品纳入征收范围。逐步建立综合与分类相结合的个人所得税制。加快房地产税立法并适时推进改革，加快资源税改革，推动环境保护费改税。”

注意到前后两段内容之间的逻辑关联，便会发现，这是一个很重要的转折点。在此之前，如果说中国的税制改革都是跟着市场经济体制的发展进程走，以建立和完善适应社会主义市场经济体制的税收制度基本框架作为出发点和归宿的话，那么，在此之后，随着国家治理现代化成为全面深化改革的总体目标，作为在经济、政治、文化、社会和生态文明“五位一体”总体布局中推进的税制改革，自然要转到国家治理现代化的轨道上——跟着国家治理的演变进程走，以建立匹配国家治理体系和治理能力现代化的现代税收制度作为出发点和归宿。围绕税制改革目标定位的这一重大而深刻的变化，标志着中国的税制改革进入了一个新的历史阶段。

至此，脱出修补性调整的局限而伸展至系统性、全局性的税制改革行动，便成为不言而喻之举。这意味着，本套丛书的研究方案也要跟着变——同税制改革的新理念、新思想和新战略如影随行，及时做出相应的调整。

二

认识到中国税制改革的目标已经指向现代税收制度，以现代税收制度的建立为主线索，重构本套丛书的研究框架，显然是符合逻辑的事情。

问题在于，我们该如何理解并把握现代税收制度？相对于以往的税制改革，这一轮税制改革将发生怎样的变化?

现代税收制度显然是现代财政制度的一个组成部分，现代财政制度又是现代国家治理的基础和重要支柱，从现代国家治理——现代财政制度——现代税收制度这一关系链条中，可以清楚地看到:

中共十八届三中全会之所以将国家治理现代化定位为全面深化改革的总目标，是建立在中国处于一个新的历史起点这一深刻判断基础之上的。就发展而言，经过了30多年的发展，按照现行汇率计算，中国已经跃升为世界第二大经济体。在成为经济大国的基础上，如何在经济、政治、文化、社会和生态文明等各个方面打造现代国家的一般制度形态，从而以现代意义大国的形象和境界屹立于今天的世界，已经成为一种新的发展方向追求，并进入我们的视野。就改革而论，经过了30多年的改革开放进程，中国已经基本确立社会主义市场经济体制框架。在经济体制改革取得举世瞩目成就的基础上，如何在经济体制、政治体制、文化体制、社会体制和生态文明建设体制改革的彼此联动中，实现国家治理的与时俱进，已经作为一个新的改革方向呈现在我们的面前。建设现代意义的大国也好，实现国家治理的与时俱进也罢，说到底，其剑锋所指都是国家治理的现代化。

中共十八届三中全会关于“财政是国家治理的基础和重要支柱”的全新定位，是在国家治理现代化命题的语境下提出来的。站在现代国家治理的立场上，无论从哪个方面看，财政都是国家治理体系的一个不可或缺的组成部分。更为关键的是，它还不仅仅是具有一般意义的组成部分，而是恰如血管一样分布于国家治理体系的方方面面和枝枝蔓蔓，处于基础和重要支柱位置。随着改革深入到经济、政治、文化、社会、生态文明等所有领域一起联动的阶段，作为各领域体制改革的一个交汇点，财税体制改革须发挥基础性和支撑性作用。这启示我们，向着现代国家治理前行与财政作为其基础和重要支柱而存在和运转是捆绑在一起的。国家治理的现代化要求和决定着财税体制的现代化——建立现代财政制度。

作为现代财政制度的一翼，现代税收制度当然同现代国家治理一脉相承。从全面认知现代税收文明的高度出发，打造现代国家税收制度的一般形态，其实就是在推进国家治理的现代化进程。故而，总结人类社会税收制度的演变规律，朝着现代意义的税收制度格局迈进，不仅是必要的，更是迫在眉睫的。这意味着，有别于以往，这一轮的税制改革，必须服从于全面深化改革的总目标，将税制改革融入全面深化改革进程，在经济体制、政治体制、文化体制、社会体制、生态文明建设体制等各个领域实现改革的联动，形成改革的总体效果。

毋庸置疑，身处这样一个翻天覆地的新的历史进程，特别是肩负这样一个推进国家治理体系和治理能力现代化的新的历史使命，我们应当全面而适时地调整以往习以为常的理念、思想和战略，以与以往大不相同的理念、思想和战略走上现代税收制度的构建之路。

三

根据中共十八届三中全会关于税制改革的部署以及此后中共中央政治局审议通过的《深化财税体制改革总体方案》，纳入这一轮税制改革的内容包括“六税一法”：增值税、消费税、资源税、环境税、个人所得税、房地产税以及税收征管法。其基本行动路线可作如下概括。

（一）逐步提高直接税比重

我国现行税制结构及其所决定的税收收入结构具有两个突出特征：一是以间接课税为主体，来自增值税、营业税[①]和消费税等间接税的收

① 自2016年5月1日起，在全国范围内营业税改征增值税试点全面推开。

入占全部税收收入的比重超过70%；另一是以企业来源为主体，来自企业缴纳的税收收入占全部税收收入的90%以上。

如此结构带给我们的最突出矛盾就是税负分配的不公平。一方面，间接税收入占比达到70%以上，意味着我国现实的税收负担主要是以商品和服务的消费为标准来分配的；另一方面，企业来源收入占比达到90%以上，意味着我国现实的税收负担主要是通过企业渠道转嫁给消费者的。

鉴于现代税收制度的灵魂在于公平正义，也鉴于我国社会发展水平的提升已经不能不将公平正义纳入税制结构设计的考量视野，更鉴于现实生活中的收入分配矛盾和贫富差距矛盾已经一再挑战我国社会稳定发展大局，在稳定税负的前提下，通过逐步提高直接税比重对现行税制结构进行优化调整显然是必要的。

正因为如此，进入这一轮税制改革视野的两个直接税税种——个人所得税和房地产税，都是趋向于增加税负的。

个人所得税改革的目标是从现行对11个征税所得项目实行不同的计征办法分别征税，逐步过渡到对大部分的征税所得项目实行统一的征税办法综合计税。这对于个人所得税收入规模及其比重而言，绝对是一种增税效应，而非减税效应。

房地产税改革的目标是从现行对居民个人所拥有的房地产在存量环节基本不征税，逐步过渡到对居民个人拥有的房地产在存量环节征税。这对于房地产税收入规模及其比重而言，即便考虑到同时伴随有整合流转环节房地产税费的操作效应，它也绝对属于一种增税而非减税措施。

除此之外，还可把第三个直接税税种——遗产和赠与税——纳入择机开征范围。作为财产税类的一种，遗产和赠与税系针对纳税人的财产转让行为征收的。从长远看，在现代税制体系中，它绝非可有可无，迟早要纳入议事日程。注意到遗产和赠与税亦系从无到有的操作，它的择机开征，自然也可归入增税之列。

（二）逐步减少间接税比重

直接税比重的逐步提高，是要以“稳定税负”为约束条件的。所以，直接税比重的逐步提高应当也必须以间接税比重的逐步减少为前提，两者宜同步操作，彼此呼应。

迄今为止，围绕逐步减少间接税比重的最主要举措就是“营改增”。通过营业税改征增值税所实现的减少间接税效应，至少有三部曲：

第一步，始自上海的所谓“1+6”（“交通运输业”+“6个现代服务业”）方案也好，此后全国推行的所谓“2+7”（“交通运输业和邮政服务业”+“6个现代服务业和广播影视服务”）方案也罢，都是具有极大减税效应的改革。按照2014年的减税实际效果情况看，一年的减税额可达2000亿元左右。

第二步，从2016年5月开始，“营改增”在“2+7”基础上扩展至全国所有行业。据测算，一年的减税规模可达到5000亿元左右。①

第三步，进一步“推进增值税改革，适当简化税率”。通过简化税率，求得税率级次的减少和平均税率的相应下调，从而进一步降低增值税税负水平。根据2012年的统计数字初步计算，增值税标准税率每下调一个百分点，将减税2000亿元。考虑到附加于增值税身上的城市维护建设税、教育费附加和地方教育附加也会随之减少，总的减税额度会达到2200亿元。

若以增值税标准税率下调2个百分点计，三步走下来，整个“营改增”和增值税改革实现的减税规模可能达到10000亿元左右。

（三）逐步完善地方税体系

我国尚未构建起一个成型的地方税体系。不仅具有地方税属性的税种偏少，收入规模不大，而且，在“营改增”的大潮中，以往作为地方几乎唯一的主体税种而存在、运行的营业税，也被纳入中央地方共享税——增值税——框架之内。为了发挥中央和地方两个积极性，完善地方税体系实现健全地方财政体系的目标，已属势在必行之举。

完善地方税体系当然要从重建地方主体税种做起。从长远看，房地产税是最适宜作为地方主体税种的选择。但是，对居民个人开征房地产税不可能一蹴而就，只能渐进地加以推进。近期可供选择的一个举措，就是改造消费税。“通过调整消费税征收范围、环节、税率，把高耗能、高污染产品及部分高档消费品纳入征收范围”等一系列操作，不仅可以相应扩大消费税税基，增加消费税收入，而且可以将消费税征收环节前移至

① 李克强总理在2017年3月5日作政府工作报告时指出，2016年全面推开营改增试点，全年降低企业税负5700多亿元。

零售阶段，使得消费税收入的地区间分布均匀化。经过如此的调整，将目前作为中央税的消费税转作地方税，将可以大致抵充“营改增”之后留下的地方税收入亏空，保持中央和地方财力格局的大致稳定。

除此之外，还可以通过纳入这一轮税制改革视野的另外两个税种——资源税和环境保护税——的改革，作为助力完善地方税体系的操作。

（四）逐步转向现代税收征管机制

上述六个税种的改革，特别是个人所得税和房地产税的改革，直接挑战现行税收征管机制。因而，与“六税”的改革相伴随，“一法”即现行《税收征管法》的修订亦在这一轮税制改革的视野之内。

这意味着，现行税收征管机制有一个向现代税收征管机制转换的任务。其转换的基本方向包括：

其一，由主征间接税拓展至间接税与直接税相兼容，将税收征管机制建立在同时对接间接税与直接税的基础上。

其二，由主征企业税拓展至法人税与自然人税相兼容，将税收征管机制建立在同时对接法人税与自然人税的基础上。

其三，由主征现金流税拓展至流量税与存量税相兼容，将税收征管机制建立在同时对接流量税与存量税的基础上。

在上述三个方向的转换中，最值得关注的是面向自然人的税收征管服务体系和第三方涉税信息报告制度的构建。前者是我们久已存在的致命“软肋”，绝对不是一个轻松的任务。只有聚焦这一“软肋”，围绕自然人作为直接纳税人的要求，从法律框架、制度设计、资源配置等各个方面真正转换税收征管机制，方能够实现税收征管机制与自然人直接税的对接。后者则是一个我们久未实现的目标、一项需调动各方面资源方可见效的工作。只有瞄准这一目标，围绕与税收征管相关联的情报数据分享的需要，从权利与责任、法律与制度、执法与守法等各个方面规范相关主体的涉税行为，方可形成企业法人、自然人之间税收征管的均衡格局，确保税务机关依法有效实施征管。

令人欣慰的是，2015年年末推出的《深化国税、地税征管体制改革方案》，已将“顺应直接税比重逐步提高、自然人纳税人数量多、管理难的趋势，从法律框架、制度设计、征管方式、技术支撑、资源配置等方面构建以高收入者为重点的自然人税收管理体系”作为一个重要内容写入其中。这预示着，在中国，向现代税收征管机制转换的进程已经正式启动。

四

考虑到上述因素，我们在建立现代税收制度的旗帜下，对本套丛书的初期研究方案做了全面的调整。调整之后的研究成果，由如下八本专著组成：

张斌：《国家治理现代化进程中的税制改革研究》；

周克清：《税制结构的非均衡性：理论、实证与对策研究》；

姜明耀：《中国增值税改革研究》；

蒋震：《中国消费税改革研究》；

马珺：《全球化背景下的中国个人所得税制改革》；

何杨：《中国房地产税改革》；

储德银：《中国资源税费制度改革研究》；

赵丽萍：《中国环境税费改革研究》。

可以看出，从抽象的理论分析到具体的改革实践，从改革的总体框架设计到实施层面的操作方案，本套丛书大致覆盖了事关中国税制改革的重大理论和现实问题。而且，在这一过程中，尽可能全面而系统地贯穿了中共十八届三中全会以来的税制改革新理念、新思想和新战略。我们以为，这是在目前条件下从事中国税制改革问题研究的适当选择。循着这样的路子走下去，一个既植根中国国情、又契合现代国家一般税制形态的现代税收制度格局，将日益清晰地展现在我们面前。

虽经几番修订、数易其稿，又跨越几年的时间，但限于水平和其他方面因素的制约，本套丛书并未完全达到令人满意的程度。就此而言，本套丛书更多具有的是抛砖引玉的意义。

真诚地期待来自各方面读者朋友的批评和指正。

高培勇

2016年8月8日于北京

序 言

税制结构或税制模式是一个日久弥新的研究课题，我曾于2000年与汪孝德教授等合作出版专著《中国税制模式设计、预测与运行研究》（西南财经大学出版社，2000年版），因而对该问题有较为深入的研究。尽管我们在十多年前提出要建立双主体税制，但到目前为止，货物和劳务税或流转税在我国税收制度中的地位依然非常突出，其占税收收入的比重仍在60%以上。以货物和劳务税为主的非均衡性税制结构非常不利于居民收入分配差距的缩小，不利于扩大劳动收入的份额，对于缩小商品的国内外价格差异、提高国内消费需求也极为不利。因此，中共十八届三中全会明确要求“逐步提高直接税比重”。周克清博士在其博士后出站报告和相关课题研究成果基础上完成的专著《税制结构的非均衡性：理论、实证与对策研究》，对税制结构的非均衡性及其影响进行了深入的分析，提出了不少有见地的见解，书中提出的观点对于我们在新常态下不断优化税制结构，形成更加均衡的税制结构体系具有重要的参考价值。

财政是国家治理的基础，而税收制度及其结构是现代财政制度建设的重要内容；作者在国家治理与现代税收制度建设的基础上讨论税制结构的优化，避免了就税制结构论税制结构的局限。税制结构优化的目标不是单纯提高所得税、财产税的比重，而是要促进资源配置更加优化，缩小居民收入差距；建立更加科学的财税体制，促进地方税系建设，发挥中央和地方两个积极性；推动税收法治建设，提高税收法治化水平。作者以此作为税制结构优化的基本指向，进而提出税收制度建设的重要对策。

作者以经济合作与发展组织（OECD）和国际货币基金组织（IMF）的税收分类方法为基础，结合我国税收制度建设的实际情况，按课税对象将税种分为货物和劳务税、所得税、财产税和其他税，既有助于实现税制结构的国际比较，又避免了直接税和间接税在理论分析上的困境，从而为税制结构的分析奠定了良好的理论基础。作者的比较分析表明，我国税制结构的非均衡性不仅在与西方发达国家相比时非常明显，而且即使与发展中国家相比也较为突出。

作者不仅从理论上分析了税制结构对居民收入分配、要素收入分配与居民消费需求的影响机理，还通过构建相关计量模型，实证分析税制结构对居民收入分配、要素收入分配与居民消费需求的实际影响。研究表明，我国以货物和劳务税为主的非均衡性税制结构不利于缩小居民收入分配差距，不利于提高劳动收入份额，不利于提高居民消费需求，其对于我国社会经济的持续健康发展是非常不利的。同时，作者还深入分析了税制结构对价格形成机制的影响路径，认为我国以货物和劳务税为主的非均衡性税制结构导致商品价格包含税收成分较高，在一定程度上致使同类商品的中国市场价格高于国外；其结果是，国内居民努力将其消费需求释放在国外市场，无助于提高国内消费需求对于国民经济发展的影响力。

尽管学界在税制结构的优化方向上取得了共识，但是如何实现税制结构的优化呢？作者根据税制结构优化的指向性意见，深入分析了上述四大税系和税收征管制度的优化路径，提出了一些具有操作性的对策建议；特别是对增值税、消费税、资源税、城市维护建设税、土地增值税、房地产税、社会保障税、环境保护税等重点税种的优化进行了较为透彻的研究，提出的对策建议非常新颖并具有实际操作价值。

周克清博士是我校财税学科队伍的中青年骨干，长期致力于财税理论与实践的研究，取得了较为丰富的研究成果。我相信本书能够进一步激发学界同人和其他读者对税制结构问题研究的兴趣，作为他的老师和同事，我衷心祝贺这个凝聚他多年心血的成果正式出版，也希望周克清博士继续努力，不断取得新的研究成果。

西南财经大学财政税务学院院长　刘　蓉

2016年8月于成都

目 录

1. 绪　论 1

1.1 问题的提出 3

1.2 文献综述 4

1.2.1 国外文献综述 4

1.2.2 国内文献综述 5

1.3 研究内容与观点 9

1.4 创新与不足 10

1.4.1 可能的创新点 10

1.4.2 局限与不足 11

2. 税制结构的非均衡性：理论与证据 13

2.1 税收制度分类的基本方法 15

2.1.1 问题的提出 15

2.1.2 税收制度的国际分类法 16

2.1.3 我国税收制度的分类方法 17

2.2 我国税制结构的演进路径 19

2.2.1 计划经济时期的税制结构演进 20
2.2.2 有计划商品经济时期的税制结构演进 21
2.2.3 社会主义市场经济时期的税制结构演进 22
2.3 税制结构的国际比较 23
2.3.1 OECD及发达国家的税制结构 23
2.3.2 发展中国家的税制结构 30
2.3.3 中国现今的税制结构 35
2.3.4 结论与启示 35

3. 税制结构与居民收入分配 47
3.1 相关文献回顾 49
3.2 税制结构对居民收入分配的影响机理 50
3.2.1 货劳税系的居民收入分配效应 51
3.2.2 所得税系的居民收入分配效应 53
3.2.3 财产税系的居民收入分配效应 55
3.3 居民收入分配差距衡量指标的选择 56
3.3.1 泰尔指数 56
3.3.2 基尼系数 58
3.3.3 库兹涅茨指数 61
3.4 我国居民收入分配的基本格局 61
3.5 实证分析 64
3.5.1 模型设计 64
3.5.2 变量选择与数据来源 65
3.5.3 实证效果及分析 69

4. 税制结构与要素收入分配 75
4.1 相关文献回顾 77
4.1.1 要素收入分配与居民收入分配的文献回顾 77
4.1.2 税制结构与要素收入分配的文献回顾 79

4.2 税制结构对要素收入分配的影响机理 80
4.2.1 理论模型 80
4.2.2 货劳税系的要素收入分配效应 83
4.2.3 所得税系的要素收入分配效应 85
4.2.4 财产税系的要素收入分配效应 86
4.3 我国要素收入分配的基本格局 86
4.3.1 要素收入份额变化的总体趋势分析 86
4.3.2 要素收入份额变化的地区趋势分析 88
4.4 实证分析 90
4.4.1 模型设计、变量选择与数据来源 90
4.4.2 研究方法 95
4.4.3 实证结果：税制结构与劳动收入份额 97
4.4.4 实证结果：税制结构与资本收入份额 101
4.4.5 实证结果：税制结构与要素收入分配的区域性 104

5. 税制结构与居民消费需求 107
5.1 相关文献回顾 109
5.2 税制结构对居民消费需求的影响机理 111
5.2.1 税收制度对居民消费需求的影响路径 111
5.2.2 货劳税系对居民消费需求的影响路径 112
5.2.3 所得税系对居民消费需求的影响路径 113
5.2.4 财产税系对居民消费需求的影响路径 114
5.2.5 其他因素对居民消费需求的影响路径 116
5.3 我国居民消费需求的基本格局 118
5.3.1 消费在社会再生产中的地位 118
5.3.2 我国消费需求的变动情况 119
5.3.3 居民消费需求的国际比较 122
5.3.4 扩大居民消费需求的障碍 123
5.4 实证分析 125

5.4.1 模型设计 125
5.4.2 变量选择 125
5.4.3 数据来源 127
5.4.4 实证结果及分析 128

6. 税制结构与价格形成机制 133

6.1 相关文献回顾 135
6.1.1 早期的研究成果 135
6.1.2 近期的研究成果 136
6.2 税价关系基本理论 138
6.2.1 马克思价值理论与税价关系 138
6.2.2 西方税负转嫁理论与税价关系 141
6.3 税制结构与价格形成机制 142
6.3.1 税收收入渠道的选择 143
6.3.2 税收负担与价格形成 144
6.3.3 税制结构与价格形成 144
6.3.4 征管制度与价格形成 146
6.4 税制结构与“中贵美贱”的形成 146
6.4.1 “中贵美贱”下的价格比较 147
6.4.2 “中贵美贱”与税收制度的差异：理论分析 149
6.4.3 “中贵美贱”与税收制度的差异：经验分析 151
6.4.4 “中贵美贱”与非税因素的影响 156
6.5 结论与启示 158

7. 税制结构的优化路径与政策选择 161

7.1 税制结构优化的基本指向 163
7.1.1 优化资源配置，促进社会公平分配 163
7.1.2 完善地方税系，发挥中央和地方两个积极性 164
7.1.3 推进税收法治，建立现代税收制度 165

7.2 货劳税制度的优化路径与政策选择 165
7.2.1 “营改增”与增值税制度的优化 165
7.2.2 消费税制度的优化 169
7.2.3 其他货劳税制度的优化 171
7.3 所得税制度的优化路径与政策选择 174
7.3.1 个人所得税制度的优化 174
7.3.2 企业所得税制度的优化 174
7.3.3 土地增值税制度的优化 176
7.4 财产税制度的优化路径与政策选择 177
7.4.1 静态财产税制度的优化 177
7.4.2 动态财产税制度的优化 180
7.5 其他税收制度的优化路径与政策选择 182
7.5.1 环境保护税制度的构建 182
7.5.2 社会保障税制度的构建 184
7.6 税收征管制度的优化路径与政策选择 186
7.6.1 加强信息平台建设，提高税务机关信息获取能力 186
7.6.2 加强税收信用制度建设，将个人纳税信息纳入征信体系 .. 187
7.6.3 完善税收评估系统，提高对非交易行为的征税能力 187

参考文献 189

后 记 203

1. 绪 论

1.1 问题的提出

自20世纪80年代中期以来，我国逐渐形成了以货物和劳务税（简称货劳税）为主的税制结构。笔者认为这样的税制结构是非均衡的。税制结构的非均衡性，一方面表现为国家税收收入严重依赖以增值税为代表的货劳税，在一定程度上导致收入分配差距逐步拉大并降低了居民消费需求。根据财政部公布的全国一般公共预算收入决算数据，2015年货劳税占全国税收收入的比重高达60%，其中，国内增值税、国内消费税及进口环节的增值税、消费税占比甚高。另一方面表现为所得税、财产税占全国税收收入的比重过低，对收入分配、经济稳定的作用较小，难以发挥其应有的作用。另外，我国以货劳税为主的非均衡性税制结构还是导致产品国内外巨大价差的重要原因，国内外产品巨大的价差降低了中国制造产品的国际竞争力，使国内部分需求转移到国外，严重影响刺激内需政策的效果。在推进社会经济可持续发展的进程中，为实现完善社会主义经济制度的基本目标，建立现代税收制度推进国家治理的现代化，我国亟须引导税制结构的均衡化发展。

尽管国内外学者已经就税制结构相关问题展开了一定程度的研究，但我国非均衡的税制结构对收入分配、居民消费及价格形成的影响机制等显然尚未得到有效的重视。为此，我国亟须对税制结构的非均衡性进行更加深入的探讨，并以此为基础深入分析税制结构的优化路径。

1.2 文献综述

1.2.1 国外文献综述

在西方学术理论界，税制结构的选择是一个常话常新的话题。比如，Atkinson和Stiglitz（1976）①提出了著名的Atkinson-Stiglitz Separability Theorem定理，该定理指出：如果家庭的效用函数中商品与闲暇是相互独立的，那么最优的税制结构就无须设置差异性的商品税。其后，学界围绕最优税制结构中商品税与所得税的关系进行了深入的讨论。比如，Cremer、Pestieau和Rochet（2001）②讨论了在个人特征不可观测的条件下最优的直接税与间接税结构问题，得出了与Atkinson和Stiglitz（1976）相反的结论，认为差异性的商品税仍然是一个非常有用的税收政策工具。Lee（2001）③指出，市场结构的不同会影响不同税制结构的效率。比如，完全竞争条件下差异性资本税的效率高于差异性商品税；而在不完全竞争条件下，差异性商品税的效率则高于差异性资本税。Gordon和Li（2005）④认为，由于发展中国家政府很难从非正式部门获得有效的征税信息，因而其更倾向于对那些从银行获取贷款或其他金融服务的正式部门征税。

近年来，西方学术界对税制结构与经济增长、收入再分配的关系等方面也颇有研究，大多以内生增长理论为基础，认为直接税会降低物质资本和人力资本的积累，从而降低经济增长率，并对收入分配产生一定的影响。比如，Kneller（1999）⑤、Yamarik（1999）⑥、Widmalm（2001）⑦、Branson

① Atkinson, A. B. & Stiglitz, J. E, The Design of Tax Structure: Direct Versus Indirect Taxation[J]. Journal of Public Economics, 1976, 6: 55-75.

② Cremer, H. & Pestieau, P. & Jean-Charles Rochet. Direct Versus Indirect Taxation: The Design of the Tax Structure Revisited[J]. International Economic Review, 2001, 42(3):781-800.

③ Lee, Fitzroy A. Imperfect Competition and Indirect Tax Structure in a Deregulated Telecommunications Sector[J]. Public Finance Review, 2001, 29(6):419-443.

④ Gordon, Roger & We Li. Tax Structure in Developing Countries: Many Puzzles and a Possible Explanation[R]. NBERWorking Paper, 2005, 11267.

⑤ Kneller, Richard & Bleaney, Michael F. & Norman Gemmell. Fiscal Policy and Growth: Evidence from OECD Countries[J]. Journal of Public Economics, 1999, 74:171-190.

⑥ Yamarik, Steven. Nonlinear Tax Structures and Endogenous Growth[J]. The Manchester School, 2001, 69(1): 16-30.

⑦ Widmalm, Frida. Tax Structure and Growth: Are Some Taxes Better than Others?[J]. Public Choice, 2001, 107: 199-219.

和Lovell（2001）[①]、Lee和Gordon（2005）[②]、Marrero（2007）[③]、Arnold（2008）[④]等。关于税制结构与收入再分配间关系的研究文献在本书第3章进行详细介绍，这里不再赘述。

总的来说，西方税制结构讨论的主要命题在于是否增加商品税或货劳税，进而提高税收制度的整体效率；其实践的基础是西方发达国家的商品税或货劳税比重相对偏低，而所得税比重相对较高，在一定程度上阻碍了经济效率的提高。当然，西方国家的累进型所得税对于改善收入分配的公平性是有所帮助的。

1.2.2 国内文献综述

我国学术界大致是从20世纪80年代中期开始关注税制结构问题[⑤]，影响最为持久的命题有以下四个：

第一，我国税制结构的选择方向及主要思路。自20世纪80年代起，国内学界开始对税制结构的选择进行探讨，观点可谓百家争鸣。比如，周少云（1986）[⑥]认为，我国应建立以产品税为主体的税制模式；胡靖华（1987）[⑦]认为应逐步建立以所得税为主体的税制模式；董庆铮（1989）[⑧]认为应当建立以增值税为基础，以所得税为主导，其他税种相配套和补充的复税制体系；关棣尧（1990）[⑨]认为，建立以所得税为主体税种的税制模式，不仅能适应社会主义商品经济的要求，而且能保证税制功能的发挥。

学界关于税制结构选择的观点主要是围绕"双主体"税制结构来展开的。支持"双主体"的观点主要基于经济发展中单一主体税制的缺憾和国际比较

① Branson, Johannah & C. A. Knox Lovell. A Growth Maximizing Tax Structure for New Zealand[J].International Tax and Public Finance, February 2001, 8(2).

② Lee, Young & Roger H. Gordon.Tax Structure and Economic Growth[J].Journal of Public Economics, 2005,89:1027-1043.

③ Marrero, Gustavo A. Growth, Public Expenditure Composition and Tax Mix in an Endogenous Growth Economy[R].Documento De Trabajo 2007-02.

④ Arnold J. Do Tax Structures Affect Aggregate Economic Growth? Empirical Evidence from a Panel of OECD Countries[R]. Paris: OECD Economics Department, 2008(51).

⑤ 早期对税制结构的研究大多用税制模式的字眼，本书对此不做特别的区分。

⑥ 周少云. 论建立以产品税为主体的税制模式[J]. 江西财经学院学报，1986(5).

⑦ 胡靖华. 应逐步建立以所得税为主体的税制模式——与周少云同志商榷[J]. 江西财经学院学报，1987(4).

⑧ 董庆铮. 对"双主体"税制模式的异议[J]. 中央财政金融学院学报，1989(2).

⑨ 关棣尧. 从流转税与所得税比较看我国税制模式的选择[J]. 河北大学学报，1990(3).

而得来。高培勇（1988、1993）[①]、汪孝德（1992）[②]、李冬梅（2002）[③]、陈永茂（2003）[④]、经庭如（2004）[⑤]、丁正智和韩晓琴（2005）[⑥]等均主张建构流转税和所得税并重的双主体税制结构。叶子荣和陈文梅（1997）[⑦]、李大明（1999）[⑧]、赵岚（1999，2001）[⑨]、於鼎丞（2005）[⑩]等持相反观点，他们认为，“双主体”税制结构缺乏理论依据，实践中也缺乏操作性，而且自20世纪80年代中期经过两步“利改税”逐渐形成复合税制以来，我国的税制结构均以流转税为主体，所得税在整个税制结构中的地位太弱。

第二，税制结构选择的影响因素。通常认为，税制结构的选择受到诸多因素的影响。比如，李文（1997）[⑪]认为，税制结构的选择受到经济发展水平、政府主观意图、税收征管水平、社会历史状况、国际影响、资源状况等因素的影响；邓子基（2000）[⑫]认为，经济发展水平、国家政策取向、政治和传统习惯、外围条件等影响着税制结构的选择；吕炜（2004）[⑬]认为税制结构的变动总体上与经济发展阶段是相吻合的；邓远军（2004）[⑭]认为，不是经济发展水平决定了税制结构的选择，而是政治因素决定了直接税和间接税的地位；张斌（2014）[⑮]从多方博弈的角度，分析了经济发展水平、经济结构、财政支出、产权制度等对税制结构变迁的影响。总体而言，学界大致主张一个国家税制结构的影响因素包括：经济发展水平、政府政策取向、政治环境、传统习惯、征管水平、国外情况，等等，其中最主要的还是经济发展水平。

在讨论税制结构选择的过程中，学界还深入研究了主体税种的标准及选择问题。在20世纪90年代后期至21世纪初期，学界主要结合税制结构的选择及影响因素分析一般性主体税种的标准及选择问题，而近期学界的研究则侧

① 高培勇. 社会主义初级阶段税制改革模式选择的思路[J]. 财贸经济，1988(11)；高培勇. 西方税收——理论与政策[M]. 北京：中国财政经济出版社，1993.
② 汪孝德，叶子荣，尹音频. 中国社会主义税制理论研究[M]. 成都：成都科技大学出版社，1992.
③ 李冬梅. 中国税制结构模式探析[J]. 财经研究，2002(3).
④ 陈永茂. 中国税制改革的“双主体”方向[J]. 商务周刊，2003(11).
⑤ 经庭如，王业春. “双主体”税制结构模式的分析与构建[J]. 铜陵学院学报，2004(4).
⑥ 丁正智，韩晓琴. 税制优化战略选择：构建双型税制结构[J]. 税务与经济，2005(4).
⑦ 叶子荣，陈文梅. “双主体税种”税制结构理论评析[J]. 市场与发展，1997(4).
⑧ 李大明. 论税制结构优化与税收征管的关系[J]. 财政研究，1999(6).
⑨ 赵岚. “双主体”税制结构理论质疑[J]. 税务与经济，1999(1)；赵岚. “双主体”理论主张行得通吗？——谈我国税制结构中主体税种的优化设计[J]. 税务研究，2001(10).
⑩ 於鼎丞，李坤. 从我国税收收入结构探讨税制结构的合理性[J]. 统计与决策，2005(5).
⑪ 李文. 优化税制结构的制约因素分析[J]. 税务与经济，1997(5).
⑫ 邓子基. 税种结构研究[M]. 北京：中国税务出版社，2000.
⑬ 吕炜. 市场化改革与税制改革变动[J]. 世界经济，2004(11).
⑭ 邓远军. 税制结构的基本决定因素与比较分析[J]. 扬州大学税务学院学报，2004(1).
⑮ 张斌. 税制变迁研究[M]. 北京：中国社会科学出版社，2014.

重分析地方税主体税种的选择问题。其中，樊丽明和李文（2000）①较早分析了地方主体税种的选择；吴利群（2005）②分析了以财产税作为我国地方税主体税种的可行性；李玉红和白彦峰（2010）③认为物业税适合作为未来县级地方财政的主体税种，地方流转税（销售税）适合作为省级地方的主体税种。总体来看，学界大多认为财产税可以作为我国地方税系的主体税种，但韩笑（2005）④主张以消费税作为地方主体税种，沈漠（2014）⑤主张以消费税和资源税作为地方主体税种，而尹音频和张莹（2014）⑥则明确反对以消费税作为地方主体税种。

第三，税制结构与经济增长及经济发展的关系。比如，马拴友（2001）⑦认为直接税（包括农业税）对经济增长有显著的负作用，而流转税等间接税对经济增长的影响不显著，经济增长最大化的直接税最优规模是占GDP的3.5%，最优直接税与间接税比率是0.45；范广军（2004）⑧对税收与经济增长关系的实证研究表明，直接税与经济增长显著负相关，间接税的符号为正，但不显著异于零，增加我国的直接税不利于经济增长，提高间接税收占GDP 的比重不影响经济增长。另外，申嫦娥（2006）⑨、刘军（2006）⑩、苏明和徐利君（2008）⑪、何茵和沈高明（2009）⑫、严成樑和龚六堂（2009）⑬、吴玉霞（2009）⑭、崔治文等（2010）⑮、赵志耘和杨朝峰（2010）⑯、刘海庆和高凌江（2011）⑰等从多个角度分析了税制结构对经济增长的影响。

---

① 樊丽明，李文．试论确立我国地方税主体税种[J]．税务研究，2000(7)．
② 吴利群．构建财产税为我国地方税主体税种的可行性研究[J]．税务研究，2005(5)．
③ 李玉红，白彦峰．地方税制改革格局中的主体税种选择问题研究[J]．中央财经大学学报，2010(6)．
④ 韩笑．消费税作为地方主体税种的可行性分析[J]．中外企业家，2015(19)．
⑤ 沈漠．消费税、资源税将成地方主体税种[J]．财会信报，2014，11-17(A01)．
⑥ 尹音频，张莹．消费税能够担当地方税主体税种吗？[J]．税务研究，2014(5)．
⑦ 马拴友．税收结构与经济增长的实证分析——兼论我国的最优直接税/间接税结构[J]．经济理论与经济管理，2001(7)．
⑧ 范广军．我国税收结构与经济增长的相关性分析[J]．经济师，2004(2)．
⑨ 申嫦娥．中国的经济增长、需求约束与税收结构[J]．税务与经济，2006(6)．
⑩ 刘军．我国税制结构、税收负担与经济增长的实证分析[J]．财政研究，2006(2)．
⑪ 苏明，徐利君．基于面板数据的地方税收与经济差异性研究[J]．经济理论与经济管理，2008(3)．
⑫ 何茵，沈高明．政府收入、税收结构与中国经济增长[J]．金融研究，2009(9)．
⑬ 严成樑，龚六堂．财政支出、税收与长期经济增长[J]．经济研究，2009(6)．
⑭ 吴玉霞．中国税收结构的经济增长效应研究——基于省级面板数据的统计分析[D]．天津：天津大学，2009.
⑮ 崔治文，王蓓，管芹芹．我国税收结构与经济增长关系的实证检验[J]．涉外税务，2010(6)．
⑯ 赵志耘，杨朝峰．经济增长与税收负担、税制结构关系的脉冲响应分析[J]．财经问题研究，2010(1)．
⑰ 刘海庆，高凌江．税制结构与经济增长关系的实证研究[J]．东北大学学报(社会科学版)，2011(6)．

第四，税制结构与收入分配的关系。在税制结构与居民收入分配的关系方面，王乔和汪柱旺（2008）[①]、闻媛（2009）[②]、赵福昌（2011）[③]等认为，现行税制结构中的增值税和消费税扩大了居民的收入差距，而个人所得税对缩小居民收入差距有良好的促进作用，主张增加所得税（尤其是个人所得税）在税收收入中的比重，相应降低流转税特别是增值税的比重。在税制结构与要素收入分配的关系方面，郭庆旺、吕冰洋(2011)[④]认为，税收可以通过替代效应和收入效应影响要素收入分配；李绍荣和耿莹（2005）[⑤]研究发现，税收制度会对社会的专业化和劳动分工的程度产生影响，从而影响生产要素的产出弹性，进而影响要素收入分配；殷金朋（2013）[⑥]分析了税收调节要素收入分配的原理。李绍荣和耿莹（2005）[⑦]利用面板数据的实证研究表明：流转税、所得税、资源税和财产税份额的增加会扩大资本所有者和劳动所有者市场收入的分配差距，而特定目的税和行为税份额的增加则会缩小资本要素与劳动要素的收入分配差距。

另外，叶子荣（1997）[⑧]、张铭洪（1998）[⑨]、黄衍电（1999）[⑩]、岳树民和李建清（2007）[⑪]、李华罡（2009）[⑫]、高凌江（2011）[⑬]、韩仁月（2011）[⑭]、陈少克和陆跃祥（2013）[⑮]、朱志钢（2014）[⑯]、张念明（2014）[⑰]等还以专著的方式对税制结构问题进行了较为深入的探讨。

上述研究从不同视角和层面讨论了税制结构优化的主要内容，为进一步深入讨论该命题给出了丰富的素材，或是提供了理论支撑和逻辑起点，或是铺设了方法与技术手段。但是，国内外现有研究尚存在以下不足：第一，国

---

① 王乔，汪柱旺．我国现行税制结构影响居民收入分配差距的实证分析[J]．当代财经，2008(2)．
② 闻媛．我国税制结构对居民收入分配影响的分析与思考[J]．经济理论与经济管理，2009(4)．
③ 赵福昌．税制结构与收入差距研究[J]．中央财经大学学报，2011(9)．
④ 郭庆旺，吕冰洋．论税收对要素收入分配的影响[J]．经济研究，2011(6)．
⑤ 李绍荣，耿莹．中国的税收结构、经济增长与收入分配[J]．经济研究，2005(5)．
⑥ 殷金朋．税收调节要素收入分配研究[D]．内蒙古财经大学，2013．
⑦ 李绍荣，耿莹．中国的税收结构、经济增长与收入分配[J]．经济研究，2005(5)．
⑧ 叶子荣．税收分配与税制结构研究[M]．成都：西南财经大学出版社，1997．
⑨ 张铭洪．美国税制结构与改革[M]．福州：福建教育出版社，1998．
⑩ 黄衍电．中国税制结构：明辨与抉择[M]．北京：中国财政经济出版社，1999．
⑪ 岳树民，李建清．优化税制结构研究[M]．北京：中国人民大学出版社，2007．
⑫ 李华罡．税制结构变迁与优化的政治经济学分析[M]．北京：中国税务出版社，2009．
⑬ 高凌江．中国税收分配与税制结构问题研究[M]．北京：中国经济出版社，2011．
⑭ 韩仁月．税制结构变迁、效应及优化研究[M]．北京：经济科学出版社，2011．
⑮ 陈少克，陆跃祥．税制结构的性质与中国税制改革研究[M]．北京：经济科学出版社，2013．
⑯ 朱志钢．我国税制结构：影响因素分析与优化路径选择[M]．北京：中国税务出版社，2014．
⑰ 张念明．我国税制结构优化研究[M]．北京：经济科学出版社，2014．

外文献的分析基础是发达国家的发展状况，其所得税占比过高，理论研究的导向结果自然是强调降低所得税的比重，因而难以得出对中国较有启示的结论。第二，国内学界过于重视资本和劳动力对于经济增长的作用，在一定程度上忽视了居民消费和出口需求对经济增长的作用，且尚未深入研究税制结构对于收入分配、居民消费及价格形成等的影响机制。第三，现有国内文献大多属于就税制结构的优化而论优化，尚未从国家治理与现代税收制度的角度分析税收制度及税制结构的优化问题。

1.3 研究内容与观点

本书从税制结构的非均衡性入手，以国家治理与现代税收制度的构建为落脚点，探讨我国税制结构的非均衡性对收入分配、居民消费及价格形成的影响机制，进而研究了我国税制结构的优化路径与对策。全书按照理论研究——实证研究——对策研究的路径展开，共分为三个部分，共计7章；其中，第1章和第2章为理论分析部分，第3~6章为实证分析部分，第7章为对策分析部分。

第1章为绪论，主要包括问题的提出、文献综述、研究内容与观点、创新与不足等内容。

第2章为税制结构的非均衡性：理论与证据。该章借鉴经济合作与发展组织（OECD）和国际货币基金组织（IMF）的分类方法，并考虑我国税收制度的实际情况，将我国税收制度分为货劳税、所得税、财产税和其他税；并从国际比较的角度分析了我国税制结构的非均衡性特征，即货劳税占比远远大于所得税占比。我国税制结构的非均衡性不仅在与西方发达国家相比时非常明显，而且即使与发展中国家相比也较为突出。

第3章为税制结构与居民收入分配。该章探讨了税制结构影响居民收入分配的相关机理，分别研究了货劳税系、所得税系和财产税系的居民收入分配效应；考察了衡量居民收入分配的相关指标，并分析了我国居民收入分配的基本格局；设计相关计量模型分析了税制结构对居民收入分配的影响效果。实证结果表明，我国以货劳税为主的非均衡性税制结构不利于居民收入分配差距的缩小。

第4章为税制结构与要素收入分配。该章探讨了税制结构影响要素收入分配的相关机理，分别研究了货劳税系、所得税系和财产税系的要素收入分配效应；考察了我国要素收入分配的基本格局；设计相关计量模型分析了税制结构对劳动收入份额和资本收入份额的影响效果。结果表明，我国以货劳税为主的非均衡性税制结构不利于劳动要素收入份额的提高，却有利于资本要素收入份额的提高。

第5章为税制结构与居民消费需求。该章探讨了税制结构影响居民消费需求的相关机理，分别研究了货劳税系、所得税系和财产税系对居民消费需求的影响路径；考察了居民消费在国民经济中的重要地位及我国居民消费的现实格局；设计相关计量模型分析了税制结构对居民消费需求的影响效果。结果表明，我国以货劳税为主的非均衡性税制结构不利于提高居民的消费率，不利于发挥居民消费在社会经济发展中的重要作用。

第6章为税制结构与价格形成机制。该章从马克思价值理论与西方税负转嫁理论两个方面分析了税价关系基本理论；研究了税收负担、税制结构、征管制度与价格形成之间的逻辑关系；探讨了税制结构与国内外价格差异间的关系。实证分析表明，以货劳税为主体的非均衡性税制结构导致商品价格中的税收成分较重，致使相同商品的国内价格在一定程度上高于国外价格，而侧重于对资金流征税的方式则进一步恶化了上述格局，或者说“间接+截流”的税收制度是导致国内价格高企的重要原因。

第7章为税制结构的优化路径与政策选择。该章探讨了税制结构优化的基本指向，并分别分析了货劳税制度、所得税制度、财产税制度、其他税收制度及税收征管制度的优化路径与政策选择。

1.4 创新与不足

1.4.1 可能的创新点

在研究方法上，笔者深入税务部门进行实地调研，运用了大量实证材料，形成了以实证分析与规范分析相结合、实证分析为主的研究模式；同时运用计量分析方法，有效地阐释了税制结构对居民收入分配、要素收入分配、居民消费需求及价格形成机制的影响路径，具有一定的特色。

在研究过程中，本书以OECD和IMF的税制分类方法为基础，结合我国税收制度的实际情况，按课税对象将我国现行税种分为货劳税、所得税、财产税和其他税，并以此为基础与世界各国的税制结构进行了比较，指出我国税制结构存在明显的非均衡性，货劳税占全部税收收入的占比不仅高于发达国家而且高于发展中国家。

本书的实证研究表明，非均衡的税制结构对居民收入分配、要素收入分配、居民消费需求和价格形成机制均具有不利影响。具体来说，以货劳税为主的非均衡性税制结构在一定程度上扩大了居民收入差距，降低了劳动要素的收入份额，提高了资本要素的收入份额，降低了居民消费需求，导致商品价格内含的税收成分较高，不利于社会经济的持续发展。

本书提出，税制结构优化的核心是逐步降低货劳税的地位，稳步提升所得税、财产税在税收体系中的地位，从而建立均衡性的税制结构。税制结构的优化要有利于优化资源配置，促进社会公平分配；要有利于完善地方税系建设，发挥两个积极性；要有利于推进税收法治，建立现代税收制度。优化税制结构必须落实到具体税系和税种的优化上。在货劳税制度方面，要深化落实全面推开营改增改革，并在增值税扩围后逐步降低其标准税率；要实行扩大税基与税率优化相结合的结构性调整，提高消费税的调节能力。在所得税制度方面，核心是推进个人所得税制度改革，实现综合与分类相结合的个人所得税制度模式；在财产税制度方面，核心是推进房地产税制度的改革与完善。

构建均衡性的税制结构，必须改革和完善现有征管制度。重点是加强信息平台建设，提高税务机关信息获取能力；加强税收信用制度建设，尽快实现个人纳税信息进入信用评估体系；完善税收评估系统，提高对非交易行为的征税能力。

1.4.2 局限与不足

在本书的写作过程中，笔者深刻认识到非均衡性的税制结构对于国民经济的稳定运行具有强大的负面作用，但囿于学力和时间的限制，本书对诸多问题尚未展开更为深入的研究。比如，税制结构对于出口需求的影响机制、对投资需求的影响机制，进而对经济增长的影响机制，本书的研究有待于进一步完善和提高。在有关税收制度的优化上，本书的相关分析未能更为详尽，还需根据国家治理与税收现代化的要求进行宽视角、多层次的研究。

2. 税制结构的非均衡性：理论与证据

2.1 税收制度分类的基本方法

2.1.1 问题的提出

关于税制结构的研究无法绕开税收制度的分类，而学界关于税制结构的研究主要是讨论直接税与间接税的关系，其理论前提是将税收制度按照税负转嫁的难度分为直接税与间接税。在税收理论中，大多将税负易于转嫁的税种归于间接税，而将税负不能转嫁或不易转嫁的税种归于直接税。但在实践中，到底是采用“能”还是“易”的标准，学界并没有达成一致意见，最终导致学者们的研究缺乏统一的标准。事实上，按照税负转嫁理论，所有的税收都是能够转嫁的。其中，货劳税易于转嫁，其能在短期内甚至是即时地转嫁给消费者；而所得税则难以转嫁，需要通过较长的时间才能通过要素价格的变化转嫁给企业消费者或其他经济主体。由此可见，采用“能”的标准在理论上根本就不具有操作性，而采用“易”的标准则难以把握“易”的程度，从而导致学界关于直接税与间接税的分类很难统一。比如，马拴友（2001）[①]将产品税、增值税、营业税和消费税归为间接税，将其他税归为直接税；刘佐（2011）[②]将增值税、营业税、消费税、关税、资源税和城市维护建设税归入间接税，将其他税归入直接税。由此可见，现行的税收制度分类

① 马拴友. 税收结构与经济增长的实证分析[J]. 经济理论与经济管理，2001(7).
② 刘佐. 改革开放以来我国直接税与间接税比重的变化[J]. 中国财政，2010(12).

方法难以满足税制结构研究的需要，必须结合国内外研究与现实进行重新分类，并以此为依据对税制结构进行比较性研究。

2.1.2 税收制度的国际分类法

为了分析国家间的税制结构，有必要对税收进行一些分类。目前，国际上有两大流行的税收制度分类办法，即OECD和IMF分类法（具体分类见本章末附录）。

2.1.2.1 OECD税收分类法

按照OECD的分类方法，一个国家的税收大致可分为六类：第一类是所得、利润与资本利得税（taxes on income, profits and capital gains），是指对个人和公司的净所得（总所得减去税收宽免）或利润的课征，也包括对个人和企业资本利得的课征，以及对其他所得的课征，主要包括个人所得税（包括对收入、利润和资本利得的个人所得税）、公司所得税（包括对公司所得课税、对利息和股息红利课税以及预提税）及二者之外的所得税（unallocable between the above）三个项目。第二类是社会保障缴款（social security contributions），又称社会保障税，是指为获得未来社会保障利益资格而支付的强制性缴款，主要包括雇员缴款、雇主缴款、自雇或未受雇人员缴款，以及上述三者之外的社会保障缴款四个项目。第三类是工薪税（taxes on payroll and workforce），是指由雇主、雇员及自雇人员按照工薪的一定比例或按照每人的固定标准交付的税收，其并不保证纳税人获得未来的社会保障利益。第四类是财产税（taxes on property），是指对财产的使用、所有和转让而课征的税收，包括对不动产的周期性课税（recurrent taxes on immovable property）、对净财富的周期性课税（recurrent taxes on net wealth）、房产、遗产和赠与税（estate, inheritance and gift taxes）、金融和资本交易课税（taxes on financial and capital transactions）、其他非周期性课税（other non-recurrent taxes on property）及其他周期性课税（other recurrent taxes on property）六个项目。第五类是货物和劳务税（taxes on goods and services），包括对生产、销售、转移、租赁、交付货物及引致性劳务等课征的所有税收（taxes on production， sale， transfer， leasing and delivery of goods and rendering of services）、对商品使用或商品使用及表演行为许可的课税（taxes on use of goods, or permission to use goods or perform activities）和其他货劳税三个项目。第六类是其他税（other taxes）。

2.1.2.2 IMF税收分类法

按照IMF的分类方法，一个国家的税收大致也可分为六类：第一是所得、利润与资本利得税（taxes on income, profits and capital gains）；第二是工薪税（taxes on payroll and workforce）；第三是财产税（taxes on property）；第四是货物和劳务税（taxes on goods and services）；第五是国际贸易与交易税（taxes on international trade and transactions）；第六是其他税（other taxes）。

IMF和OECD分类方法的区别与联系在于：第一，两类方法中所得、利润与资本利得税，工薪税，财产税的内容是基本一致的；第二，IMF分类中的货物和劳务税与关税之和基本等于OECD分类中的货物和劳务税；第三，OECD社会保障缴款的大部分内容，IMF将其作为与税收收入并列的一类财政收入，即不作为税收收入来看待；第四，两类方法中的其他税包含的内容有细微的差异，但整体上基本相同。因此，如不考虑社会保障缴款与工薪税，那么税收制度大致可以分为四类，即货物和劳务税，所得、利润和资本利得税，财产税和其他税。

2.1.3 我国税收制度的分类方法

根据国内常用的教科书，我国主要有如下几种税收分类方法。第一，按照税负转嫁的难易程度将税收分为直接税和间接税。所谓直接税是指税负不易发生转嫁，而由纳税人直接负担的各种税收，学界通常将所得税和财产税归为直接税；所谓间接税是指税负易于转嫁，主要由纳税人之外的其他经济体承受的各种税收或由纳税人间接承担的税收，通常将货劳税或流转税归为间接税。划分直接税和间接税的意义在于分析税收负担的运动过程。第二，按照课税对象的性质将税收分为流转税、所得税、财产税、资源税和行为税。所谓流转税是以商品流转额和非商品营业额为课税对象的税收；所得税是以收益所得额为课税对象的税收，包括个人所得税和企业所得税；财产税是以财产的价值或数量为课税对象的税收；资源税是以资源绝对收益和级差收益为课税对象的税收；行为税是以特定行为为课税对象的税收。第三，按照财政管理体制可将税收分为中央税、地方税、中央和地方共享税。所谓中央税是指划归为中央财政固定收入，由中央政府支配使用的各项税收；地方税是指划归为地方政府固定收入，由地方政府支配使用的各项税收；中央与地方共享税是指由中央与地方共同享有，并按一定比例划分收入归属的各项税收。除上述税收分类方法外，理论和实践中还存在其他一些分类方法。比如，按照税收收入的形态可分为实物税和货币税；按照立法者预期与税法有效期限的长短分为经常税和临时税；按照计税依据的形态分为从价税和从量税；按照税收与价格的关系分为价内税和价外税；按照税率的形式分为比例税、累进税、定额税，等等。①

在上述分类方法中，最有影响力的是第一类和第二类方法。但是上述方法也存在显而易见的局限，比如，按照税负转嫁的难易程度分为直接税和间接税，并认为所得税和财产税难以转嫁故而归为直接税，但税负转嫁理论告诉我们，税负转嫁的难易程度主要是由供求弹性决定的。实际上，近年来我国房地产市场火爆，大部分时期处于卖方市场，房地产开发商可以较好地将税收负担转嫁给购房者，而房屋所有者（或业主）也能够较好地将税收负担转嫁给二手房的购买者。如此而言，我们根本无法将财产税等与房产有关的税收归为直接税。理论分析与社会现实发生了较大的冲突和矛盾，说明按照税负转嫁的难易程度将税收分为直接税和间接税的方法已经不大适应社会发展的需要了，也难以指导税制结构的相关理论分析。同时，按照课税对象的性质将税收分为流转税、所得税、财产税、资源税和行为税的方法，尽管能够在一定程度上说明我国税收的现实格局，但却难以与国际通行分类方法接轨，无法与国外相关数据进行有效的对比分析。为此，笔者建议借鉴国际通行分类方法，并考虑我国传统分类方法，将税收制度分为货物和劳务税（简称货劳税）、所得、利润和资本利得税（简称所得税）、财产税和其他税。其中，货劳税是对商品生产、销售和转移及对劳务提供的课税；所得税是对公司和个人所得、利润和资本利得的课税；财产税是对财产持有和转让等的课税；其他税则是上述三种税之外的税种。

就我国1994年以来形成的税收制度而言，增值税、营业税和消费税明显属于货物和劳务税，在学界没有异议。资源税的征税对象为国有自然资源，具体包括原油、天然气、煤炭、金属矿等资源性产品；车辆购置税的征税对象为零售环节的车辆；烟叶税的征税对象为农民销售给收购商的烟叶；关税的征税对象为进出口环节的相关商品，显然上述税种的征税对象皆为货物，属于货物和劳务的范

① 王国清，马骁，程谦.财政学[M]. 北京：高等教育出版社，2010.

围。另外，城市维护建设税作为增值税、营业税和消费税的附加税，自然也应归入货物和劳务课税的范围。由此可见，我国的货劳税应包括增值税、营业税、消费税、资源税、车辆购置税、烟叶税、关税和城市维护建设税[①]。

在我国，所得、利润和资本利得税（简称所得税）包括个人所得税、企业所得税（2008年之前的内资企业所得税和外资企业所得税均在此列）和土地增值税。其中，土地增值税是指转让国有土地使用权、地上的建筑物及其附着物并取得收入的单位和个人，以转让所取得的收入（包括货币收入、实物收入和其他收入）减除法定扣除项目金额后的增值额为计税依据向国家缴纳的一种税；可见，土地增值税是对土地使用权转让及出售建筑物时所产生的增值部分进行课征，其目标指向资本利得，故可归入所得、利润和资本利得税（简称所得税）。

财产税是对财产持有和转让课征的税种，分为静态财产税和动态财产税。其中，静态财产税主要是指对持有财产所课征的税种，在我国现阶段主要包括房产税、城镇土地使用税、车船税等。动态财产税是指对财产转让和交易所课征的税种，最为典型的动态财产税是契税等[②]。

除上述税种外，我国还有一些小税种，比如印花税、耕地占用税、固定资产调节税（2000年停征）、筵席税（2008年停征），等等。这些税种按照IMF和OECD的标准可归入其他税，而这些税既不是简单的对货物和劳务课税，也不像是对所得和财产课税，且规模和占比较小，部分税种已经停征，故将它们都归为其他税。[③]

2.2 我国税制结构的演进路径

我国现实的税制结构是在新中国成立以来的漫长税收制度改革过程中逐渐形成的，经历了一个相对较长的变迁与发展过程。我国税制结构的演进大致上可分为三个历史阶段，即计划经济时期、有计划的商品经济时期及社会主义市场经济时期。

---

① 有部分学者认为车辆购置税属于财产税的范围，其实财产税更多的是对财产的持有和转让征税，而在初次取得环节很少征收财产税，故而本书将车辆购置税列为货劳税的范围。

② 契税是以所有权发生转移变动的不动产为征税对象，向产权承受人征收的一种税，属于动态财产税的范围。但是由于早期的契税是由财政系统而非税务系统征收的，《中国税务年鉴》并没有单独统计，故本书计算各税系的比例时将其放在其他税种里进行计算。

③ 本书没有考虑农业税问题，原因是：第一，我国原有农业税对农业常年产量课税，性质不明，既不属于货劳税，又不属于所得税和财产税；第二，农业税收入的规模较小，占比不大，且于2006年已经取消。

2.2.1 计划经济时期的税制结构演进

第一个时期是计划经济时期，从新中国成立初期到改革开放初期。该阶段主要经历了四次税收制度改革。

第一次是1950年税制改革：统一全国税政。1949年11月全国税务会议制定了《全国税政实施要则》并于1950年正式实施，规定除农业税外在全国开征14种税，即货物税、工商业税（包括对坐商、行商征的税、摊贩营业税及所得税）、盐税、关税、薪给报酬所得税、存款利息所得税、印花税、遗产税、交易税、屠宰税、房产税、地产税、特种消费行为税（宴席、娱乐、冷食、旅店）、使用牌照税；1950年4月，政务院决定在全国开征契税，并公布了《中华人民共和国契税暂行条例》。1950年税制改革建立了以货劳税为主要税种的多税种、多次征的税制结构，该税制结构适应了当时经济上多种经济成分和多种经营方式并存的局面，对于我国政府迅速抑制通货膨胀、扭转财政经济困难局面，以及促进经济的恢复和发展都发挥了重要作用。

第二次是1953年税制改革：修订税制。1952年，党中央提出了过渡时期的总路线和总任务："要在一个相当长的时期内，基本上实现国家工业化和对农业、手工业、资本主义工商业的社会主义改造。"为了配合过渡时期的总路线和总任务，国家对税收制度进行了修订，对不同经济性质的纳税主体，采取繁简不一、轻重不同的区别对待政策。经过1953年修订税制后，我国保留了14种税收：商品流通税、货物税、工商业税、盐税、关税、农（牧）业税、印花税、屠宰税、牲畜交易税、城市房地产税、文化娱乐税、车船使用牌照税、利息所得税和契税。1952年开征了海关船舶吨税。

第三次是1958年税制改革：统一全国农业税，建立工商统一税。1956年我国基本上完成了对农业、手工业和资本主义工商业的社会主义改造，生产关系发生了具有重大历史意义的转变。随后的1958年进行了税收制度改革，其指导思想是：在基本保持原税负的基础上简化税制。主要涉及合并税种，简化纳税环节，简化计税价格，简化对中间产品的征税，适当调整税率，建立独立的工商所得税，统一农业税制度等。经过1958年税制改革，我国保留了14个税种：工商统一税、工商所得税、利息所得税（1959年停征）、盐税、关税、农（牧）业税、海关船舶吨税、屠宰税、城市房地产税、车船使用牌照税、牲畜交易税、集市交易税、文化娱乐税（1966年停征）、契税。经过1958年税制改革，我国税收制度的经济调节功能受到了很大的限制，日渐成为一种单纯筹集财政收入的工具。

第四次是1973年税制改革：合并税种，简化税制，试行工商税。1973年税制改革的内容主要涉及合并税种，即将工商统一税及其附加、城市房地产税、车船使用牌照税、盐税和屠宰税合并为工商税（盐税暂按原办法征收）；简化税目税率，即将工商税的税目由108个减为44个，税率由141个减为82个；简化征收办法。经过1973年的改革，我国形成了以货劳税为主体税种的税制结构，税收制度及相关政策在社会经济发展中的调节作用受到进一步的限制。①

总的来看，在计划经济时期我国形成了以货劳税为主体税种的税制结构，但由于该时期税收大部分时间仅仅是政府单纯筹集财政收入的工具，故而税收制度及其结构对于社会经济运行的调节作用极为有限。

2.2.2 有计划商品经济时期的税制结构演进

改革开放之后，我国逐步进入有计划的商品经济时期，为适应改革开放的需要，我国对税收制度进行了大范围的调整和优化。主要涉及以下三个方面：

一是建立涉外税收制度。从1980年9月到1981年12月，第五届全国人民代表大会先后通过并公布了《中华人民共和国中外合资经营企业所得税法》《中华人民共和国个人所得税法》和《中华人民共和国外国企业所得税法》；国务院还进一步规定，对中外合资企业、外国企业和外国人继续征收工商统一税、城市房地产税和车船使用牌照税；1991年，第七届全国人民代表大会第四次会议将《中华人民共和国中外合资经营企业所得税法》与《中华人民共和国外国企业所得税法》合并为《中华人民共和国外商投资企业和外国企业所得税法》。由此，我国初步形成了一套大体规范适用的涉外税收制度，适应了改革开放初期引进外资和开展对外经济技术合作的需要。

二是对国有企业实行“利改税”。为了改革国有企业收益分成制度，提高国有企业的竞争力，我国相继推出两步“利改税”，将国有企业上缴利润制度改为缴纳企业所得税。通过改革，逐步建立起国营企业所得税、国营企业调节税、产品税、增值税、营业税、盐税、资源税等税收制度。

三是其他税收制度改革。为了适应改革开放的需要，我国还陆续建立了

① 此段为笔者一家之言，供读者参考。

集体企业所得税、私营企业所得税、城乡个体工商业户所得税、个人收入调节税、国营企业奖金税、集体企业奖金税、事业单位奖金税、国营企业工资调节税、房产税、城镇土地使用税、耕地占用税、车船税、印花税、城市维护建设税、固定资产投资方向调节税、筵席税、特别消费税等税收制度。

总的来看，我国有计划商品经济时期形成了以货劳税、所得税为主体，财产税和其他税相配合的税制结构，大体适应了中国经济体制改革起步阶段的经济状况，税收的职能作用得以全面加强，对贯彻国家的经济政策，调节生产、分配和消费，起到了积极的促进作用。

2.2.3 社会主义市场经济时期的税制结构演进

1992年我国确立了建立社会主义市场经济体制的战略目标，中国的改革开放进入了一个新的历史阶段，社会主义经济理论与实践取得了重大进展。为了适应社会主义市场经济体制改革，我国于1994年进行了税收制度改革，奠定了现行税收制度的基础。

1994年税制改革的主要内容包括：一是全面改革货劳税制，实行了以增值税为主体，消费税、营业税并行，内外统一的货劳税制。二是改革企业所得税制，将过去对国营企业、集体企业和私营企业分别征收的多种所得税合并为统一的企业所得税。三是改革个人所得税制，将过去对外国人征收的个人所得税、对中国人征收的个人收入调节税和个体工商业户所得税合并为统一的个人所得税。四是对其他税收作了大幅度的调整，如扩大了资源税的征收范围，开征了土地增值税，取消了盐税、烧油特别税、集市交易税等若干税种，并将屠宰税、筵席税的管理权下放到省级地方政府。之后，我国还相继进行了多次较大的税收制度调整，主要有：个人所得税的多次修订，核心是工资薪金所得扣除标准的调整；2005年消费税征税范围的扩大；2008年内外资企业所得税的合并；2009年增值税的转型及2012年开始的“营改增”；停征固定资产投资方向调节税（2000）、取消农业税（2006）及资源税改革（2010），等等。

1994年税制改革是新中国成立以来规模最大、范围最广泛、内容最深刻的一次税制改革，它是在中国改革开放以来税制改革的基础上，积极借鉴外国税制建设的成功经验，结合中国的实际国情制定的有效方案，推行以后从总体上看取得了很大的成功。中共十八届三中全会之后，我国进一步优化税收制度及其结构，重点围绕“六税一法”（增值税、资源税、消费税、环境保护税、房地产税、个人所得税及《税收征管法》）建立有利于科学发展、社会公平、市场统一的税收制度体系，充分发挥税收筹集财政收入、调节分配、促进结构优化的职能作用。

1994年以来的税制改革，逐步形成了以货劳税为主的非均衡性税制结构，货劳税在税收收入中的比重最高时曾接近80%；近年来，我国所得税在整个税收体系中的地位有所上升，所得税在税收收入中的比重不断提高，故部分学者认为我国已经形成了以货劳税和所得税为主体的双主体税制结构（或称跛行双主体税制结构）。

2.3 税制结构的国际比较

2.3.1 OECD及发达国家的税制结构[①]

2.3.1.1 OECD国家的税制结构[②]

根据OECD提供的资料，可以发现其各项税收收入占比的整体变化不大。表2-1的数据表明，货劳税（或消费税）[③]的比重有所下降，从1965年的44.44%下降为2012年的42.47%。要注意的是，尽管货劳税总体占比变化不大，但一般消费税占比上升较多，从1965年的14.81%上升为2012年的27.40%，一直保持平稳的上升势头；特别消费税则呈相反的下降趋势，从1965年的29.63%下降为2012年的15.07%。

在所得税中，个人所得税占比尽管从20世纪70—80年代有所上升，但随后有所回落，2012年占比为34.25%，仅比1965年上升2个百分点。公司所得税占比有些微的上升，从1965年的11.11%上升为2012年的12.33%，上升过程比较平稳，峰值为2005年的13.51%。个人所得税和公司所得税合计占比从1965年的43.21%上升为2012年的46.58%，其中20世纪七八十年代占比较高，1975年和1985年的数值均为49.35%。

① OECD国家并不都是发达国家，如土耳其、墨西哥、智利等。
② 数据来源：OECD Revenue Statistics 2014。
③ OECD的文件中大多使用消费税的概念，其内容指向与货劳税是一致的。为行文方便，本部分不区分货劳税与OECD的消费税。

财产税的比重有所下降，从1965年的9.88%下降为2012年的6.85%，其中1985年是一个谷底，为6.49%。其他税的比重上升较少，从1965年的2.47%上升为2012年的4.11%。

表2-1　OECD国家的税制结构（1965—2012年）（不含社会保障税和工薪税）

单位：%

项目	年份	1965	1975	1985	1995	2005	2010	2012
所得税	个人所得税	32.10	38.96	38.96	35.14	32.43	33.33	34.25
	公司所得税	11.11	10.39	10.39	10.81	13.51	12.50	12.33
	小计	43.21	49.35	49.35	45.95	45.94	45.83	46.58
货劳税（或消费税）	一般消费税	14.81	16.88	20.78	25.68	27.03	27.78	27.40
	特别消费税	29.63	23.38	20.78	17.57	14.86	15.28	15.07
	小计	44.44	40.26	41.56	43.25	41.89	43.06	42.47
财产税		9.88	7.79	6.49	6.76	8.11	6.94	6.85
其他税		2.47	2.60	2.60	4.05	4.05	4.17	4.11
总计		100	100	100	100	100	100	100

资料来源：根据OECD Revenue Statistics 2014的数据整理。

说明：1965年数据包括澳大利亚、奥地利、比利时、加拿大、丹麦、芬兰、法国、德国、希腊、冰岛、爱尔兰、意大利、日本、卢森堡、荷兰、新西兰、挪威、葡萄牙、西班牙、瑞典、瑞士、土耳其、英国、美国；1972年起包括韩国；1986年起包括墨西哥；1990年起包括智利；1991年起包括匈牙利和波兰；1993年起包括捷克；1995年起包括爱沙尼亚、以色列、斯洛伐克和斯洛文尼亚。

由此可见，OECD国家税制结构基本稳定，所得税比例有所上升，近年约占46%；而货劳税、财产税有所下降，前者约高于40%，后者占比接近7%；而其他税的比例基本不变。随着OECD大部分国家开征增值税，其一般消费税的比例呈稳步上升趋势，而特别消费税则不断下降。

若考虑社会保障税和工薪税，货劳税、所得税、财产税与其他税的结构基本相似。表2-2反映了包括社会保障税和工薪税时的税制结构。其中，社会保障税占比从1965年的18%上升为2012年的26%，雇主缴纳的社会保障税高于雇员缴纳的税费；工薪税占比一直比较小，各年均约为1%。

表2-2　OECD国家的税制结构（1965—2012年）（含社会保障税和工薪税）

单位：%

项目	年份	1965	1975	1985	1995	2005	2010	2012
所得税	个人所得税	26	30	30	26	24	24	25
	公司所得税	9	8	8	8	10	9	9
	小计	35	38	38	34	34	33	34
社会保障税	雇员	7	7	7	9	9	9	10
	雇主	10	14	13	14	14	15	15
	小计	18	22	22	25	25	26	26
货劳税（或消费税）	一般消费税	12	13	16	19	20	20	20
	特别消费税	24	18	16	13	11	11	11
	小计	36	31	32	32	31	31	31
工薪税		1	1	1	1	1	1	1
财产税		8	6	5	5	6	5	5
其他税		2	2	2	3	3	3	3
总计		100	100	100	100	100	100	100

资料来源：根据OECD Revenue Statistics 2014的数据整理。

说明：由于社会保障税包括雇员、雇主和自雇人员（self-employed and benefit recipients）缴纳的费用，故而表中小计数大于雇员和雇主缴纳的数字之和。

表2-3反映了2012年OECD各国的税制结构（含社保税和工薪税）。其中，所得税占比最高的是丹麦（61.9%）、澳大利亚（58.1%）和新西兰（55.5%），最低的是匈牙利（17.1%）、斯洛伐克（18.4%）和斯洛文尼亚（19.0%），非加权均值为33.6%；货劳税占比最高的是墨西哥（54.5%）、智利（50.1%）、土耳其（45.0%），最低的是美国（17.9%）、日本（18.0%）和瑞士（22.9%），非加权平均值为32.8%；财产税占比最高的是英国（11.9%）、美国（11.8%）、加拿大（10.6%）和韩国（10.6%），最低的是爱沙尼亚（1.0%）、奥地利（1.3%）、捷克（1.5%）和墨西哥（1.5%），非加权平均值为5.5%。2012年除澳大利亚和新西兰尚未开征社会保障税外，其余OECD各国社会保障税占比最高的是斯洛伐克（43.9%）、捷克（43.6%）和日本（41.6%），最低的是丹麦（1.9%）、智利（6.5%）和冰

岛（10.4%），非加权平均值为26.2%。工薪税较高的有瑞典（10.3%）、奥地利（6.9%）和澳大利亚（5.2%），其他各国则比较低。其他税较高的有意大利（4.8%）和韩国（3.4%），而欧洲关税的比例均比较低。

表2-3　　2012年OECD各国的税制结构①

单位：%

国家	所得税	社会保障税	工薪税	财产税	货劳税	其他税	欧洲关税
澳大利亚	58.1	0.0	5.2	8.6	28.1	0.0	0.0
奥地利	29.2	34.1	6.9	1.3	27.6	0.5	0.3
比利时	34.7	32.1	0.0	7.5	24.9	0.0	0.8
加拿大	47.2	15.5	2.1	10.6	24.5	0.1	0.0
智利	39.0	6.5	0.0	4.3	50.1	0.2	0.0
捷克	20.5	43.6	0.0	1.5	33.9	0.0	0.5
丹麦	61.9	1.9	0.6	3.8	31.4	0.0	0.3
爱沙尼亚	20.9	35.3	0.0	1.0	42.2	0.0	0.5
芬兰	34.2	29.6	0.0	2.8	33.1	0.1	0.2
法国	23.7	37.4	3.2	8.5	24.5	2.5	0.2
德国	30.4	38.3	0.0	2.4	28.4	0.0	0.4
希腊	24.3	32.0	0.0	5.6	37.8	0.0	0.2
匈牙利	17.1	32.8	2.4	3.2	43.7	0.5	0.2
冰岛	45.2	10.4	0.9	7.1	35.1	1.4	0.0
爱尔兰	41.7	15.3	0.6	7.0	34.9	0.0	0.5
以色列	30.8	17.1	3.9	9.0	39.2	0.0	0.0
意大利	32.8	30.3	0.0	6.3	25.5	4.8	0.3
日本	31.1	41.6	0.0	9.1	18.0	0.3	0.0
韩国	29.9	24.7	0.3	10.6	31.2	3.4	0.0
卢森堡	35.3	29.3	0.0	7.1	28.1	0.2	0.1
墨西哥	26.3	14.9	1.6	1.5	54.5	1.2	0.0

① 有一些国家的数据数量级非常小，四舍五入后数据接近0，但并不表示此国家的相应税种收入为0。（表2-3至表2-8同理）。

续表

国家	所得税	社会保障税	工薪税	财产税	货劳税	其他税	欧洲关税
荷兰	25.3	41.2	0.0	3.0	29.3	0.3	0.9
新西兰	55.5	0.0	0.0	6.2	38.3	0.0	0.0
挪威	48.2	22.6	0.0	2.9	26.3	0.0	0.0
波兰	20.6	37.8	0.8	3.9	36.2	0.4	0.3
葡萄牙	27.2	28.3	0.0	3.9	39.7	0.6	0.3
斯洛伐克	18.4	43.9	0.0	1.6	35.4	0.0	0.6
斯洛文尼亚	19.0	40.8	0.2	1.8	37.9	0.0	0.4
西班牙	29.9	35.8	0.0	6.3	26.6	1.0	0.4
瑞典	34.3	23.6	10.3	2.4	29.1	0.1	0.3
瑞士	45.6	24.9	0.0	6.6	22.9	0.0	0.0
土耳其	21.8	27.2	0.0	4.2	45.0	1.7	0.0
英国	35.6	19.1	0.0	11.9	32.9	0.0	0.5
美国	47.9	22.3	0.0	11.8	17.9	0.0	0.0
非加权平均值	33.6	26.2	1.1	5.5	32.8	0.6	0.4

资料来源：OECD Revenue Statistics 2014。

2.3.1.2 发达国家（地区）的税制结构[①]

根据IMF提供的资料，33个发达国家及地区经济体2010年税收收入占GDP的比重平均（非加权，下同）为24.78%。在税收收入中，所得税占GDP的比重为11.91%，占税收收入的比重为47.20%；货劳税（含关税）占GDP的比重为10.19%，占税收收入的比重为41.71%；财产税、工薪税和其他税占税收收入的比重约为10%。其中，所得税占比最高的是瑞士（61.54%）、挪威（60.24%）和美国（58.63%），最低的是斯洛伐克（32.88%）、斯洛文尼亚（33.21%）和希腊（34.58%）；货劳税（含关税）占比最高的是斯洛伐克（64.51%）、斯洛文尼亚（63.39）和希腊（61.04%），最低的是中国香港（13.89%）、美国（23.14%）和加拿大（26.26%）；财产税占比最高的是

① 数据来源：IMF Government Finance Statistics Yearbook 2011，税制结构含工薪税，不含社会保障税。

表2-4　　2010年发达国家的税制结构

单位：%

国家或地区	税收收入占GDP的比重							税制结构内部比重					
	合计	所得税	工薪税	财产税	货劳税	关税	其他税	所得税	工薪税	财产税	货劳税	关税	其他税
奥地利	27.20	12.05	2.64	0.54	11.97	0.00	0.00	44.30	9.71	1.99	44.01	0.00	0.00
比利时	28.92	14.99	0.00	3.11	10.80	0.00	0.02	51.83	0.00	10.75	37.34	0.00	0.07
塞浦路斯	26.57	11.11	0.98	0.65	13.30	0.21	0.31	41.81	3.69	2.45	50.06	0.79	1.17
芬　兰	29.39	15.07	0.00	1.16	13.16	0.00	0.00	51.28	0.00	3.95	44.78	0.00	0.00
法　国	25.63	9.45	1.43	4.30	10.66	0.01	−0.22	36.87	5.58	16.78	41.59	0.04	−0.86
德　国	22.38	10.71	0.00	0.80	10.87	0.00	0.00	47.86	0.00	3.57	48.57	0.00	0.00
希　腊	19.84	6.86	0.00	0.69	12.11	0.00	0.19	34.58	0.00	3.48	61.04	0.00	0.96
爱尔兰	22.07	10.15	0.00	1.04	10.31	0.01	0.54	45.99	0.00	4.71	46.71	0.05	2.45
意大利	28.7	14.12	0.00	0.81	11.93	0.00	1.84	49.20	0.00	2.82	41.57	0.00	6.41
卢森堡	26.11	13.59	0.00	1.26	11.26	0.00	0.00	52.05	0.00	4.83	43.13	0.00	0.00
马耳他	26.88	12.51	0.00	1.07	13.31	−0.03	0.00	46.54	0.00	3.98	49.52	−0.11	0.00
荷　兰	24.32	10.81	0.10	1.30	12.11	0.00	0.00	44.45	0.41	5.35	49.79	0.00	0.00
葡萄牙	22.27	8.43	0.00	1.01	12.07	0.00	0.76	37.85	0.00	4.54	54.20	0.00	3.41
斯洛伐克	15.3	5.03	0.00	0.40	9.87	0.00	0.00	32.88	0.00	2.61	64.51	0.00	0.00
斯洛文尼亚	21.14	7.02	0.08	0.62	13.33	0.07	0.01	33.21	0.38	2.93	63.06	0.33	0.05
西班牙	20.21	9.22	0.00	2.15	8.83	0.01	0.00	45.62	0.00	10.64	43.69	0.05	0.00
澳大利亚	25.86	14.54	1.30	2.47	7.10	0.45	0.00	56.23	5.03	9.55	27.46	1.74	0.00

续 表

国家或地区	税收收入占GDP的比重							税制结构内部比重					
	合计	所得税	工薪税	财产税	货劳税	关税	其他税	所得税	工薪税	财产税	货劳税	关税	其他税
加拿大	26.35	14.60	0.66	3.54	6.92	0.21	0.42	55.41	2.50	13.43	26.26	0.80	1.59
中国香港	12.53	7.34	0.00	3.27	1.74	0.07	0.10	58.58	0.00	26.10	13.89	0.56	0.80
捷　克	18.30	6.91	0.00	0.43	10.95	0.00	0.00	37.76	0.00	2.35	59.84	0.00	0.00
丹　麦	46.67	27.03	0.53	4.46	14.46	0.00	0.19	57.92	1.14	9.56	30.98	0.00	0.41
冰　岛	30.84	15.59	0.18	2.31	11.98	0.39	0.39	50.55	0.58	7.49	38.85	1.26	1.26
以色列	26.72	9.76	1.31	3.03	12.28	0.34	0.00	36.53	4.90	11.34	45.96	1.27	0.00
日　本	16.51	7.42	0.00	2.69	6.06	0.17	0.17	44.94	0.00	16.29	36.71	1.03	1.03
韩　国	19.42	7.09	0.00	2.62	7.18	0.91	1.62	36.51	0.00	13.49	36.97	4.69	8.34
新西兰	30.91	18.02	0.00	2.09	9.56	1.03	0.21	58.30	0.00	6.76	30.93	3.33	0.68
挪　威	32.70	19.70	0.00	1.16	11.73	0.10	0.01	60.24	0.00	3.55	35.87	0.31	0.03
圣马力诺	23.52	10.94	0.00	1.18	10.87	0.47	0.05	46.51	0.00	5.02	46.22	2.00	0.21
新加坡	13.66	6.09	0.00	0.92	4.70	0.00	1.96	44.58	0.00	6.73	34.41	0.00	14.35
瑞　典	37.37	19.09	3.77	1.06	13.45	0.00	0.00	51.08	10.09	2.84	35.99	0.00	0.00
瑞　士	22.62	13.92	0.00	2.19	6.32	0.19	0.00	61.54	0.00	9.68	27.94	0.84	0.00
英　国	28.51	13.14	0.24	4.21	10.86	0.00	0.06	46.09	0.84	14.77	38.09	0.00	0.21
美　国	18.37	10.77	0.00	3.15	4.25	0.20	0.00	58.63	0.00	17.15	23.14	1.09	0.00
非加权均值	24.78	11.91	0.40	1.87	10.19	0.15	0.26	47.20	1.36	7.92	41.61	0.61	1.29

数据来源：IMF Government Finance Statistics Yearbook 2011。
说明：中国香港为2009年数据。

中国香港（26.10%）、美国（17.15%）和法国（16.78%）；工薪税除瑞典（10.09%）、奥地利（9.71%）、法国（5.58%）、澳大利亚（5.03%）和以色列（4.90%）之外，各国的占比均非常小[①]（详见表2-4）。

2.3.2 发展中国家的税制结构

根据IMF Government Finance Statistics Yearbook（2011）提供的资料，2010年44个发展中国家税收收入占GDP的比重平均为20.48%。在税收收入中，所得税占GDP的比重平均为5.81%，占税收收入的比重为28.39%；货劳税（含关税）占GDP的比重为13.20%，占税收收入的比重为64.47%。[②]由此可见，发展中国家与发达国家的税制结构存在明显的差异，发达国家的税制结构以所得税为主，而发展中国家则严重依赖货劳税。

中东欧12个国家税收收入占GDP的比重平均为20.20%。在税收收入中，所得、利润和资本利得税占GDP的比重平均为5.33%，占税收收入的比重为26.38%；货劳税（含关税）占GDP的比重为12.99%，占税收收入的比重为64.27%（详见表2-5）。

独联体（Commonwealth of Independent States，CIS）的9个国家税收收入占GDP的比重平均为20.60%。在税收收入中，所得税占GDP的比重平均为6.84%，占税收收入的比重为33.19%；货劳税（含关税）占GDP的比重为12.44%，占税收收入的比重为60.36%。其中，摩尔多瓦对货劳税（含关税）的依赖程度最高，达到85.22%，而俄罗斯关税占税收收入的比重达到了29.97%（详见表2-6）。

IMF提供了7个中东及北非与撒哈拉以南国家的数据，其税收收入占GDP的比重为27.41%。在税收收入中，所得税占GDP的比重平均为10.39%，占税收收入的比重为31.29%；货劳税（含关税）占GDP的比重为20.72%，占税收收入的比重为68.14%。特别值得注意的是，莱索托的关税收入占GDP的比重

---

① 根据OECD测算的数据法国工薪税占比低于澳大利亚，而根据IMF测算的数据法国工薪税占比高于澳大利亚，其他各国关于工薪税的数据基本一致。

② 在IMF的国家分类中，除发达国家以外的其他国家均称为新兴及发展中国家，本书根据习惯用法统称为发展中国家。在IMF的Government Finance Statistics Yearbook 2011中仅提供了44个发展中国家的数据，其他发展中国家的数据未有提供。除下文中提到的38个国家之外，IMF还提供了阿富汗、不丹、中国大陆、中国澳门、马尔代夫、泰国等亚洲国家及地区的数据，由于上述6个亚洲国家及地区之间差异太大而缺乏可比性，本书没有将其列表分析。

表2-5

2010年中东欧国家的税制结构

单位：%

国 家	税收收入占GDP的比重						税制结构内部比重					
	合计	所得税	工薪税	财产税	货劳税	关税	其他税	所得税	工薪税	财产税	货劳税	关税	其他税
阿尔巴尼亚	18.98	3.8	0.00	0.15	14.44	0.59	0.00	20.02	0.00	0.79	76.08	3.11	0.00
波 黑	20.18	2.58	0.00	0.31	17.26	0.00	0.03	12.78	0.00	1.54	85.53	0.00	0.15
保加利亚	20.59	4.8	0.00	1.41	14.21	0.17	0.01	23.31	0.00	6.85	69.01	0.83	0.05
克罗地亚	21.44	4.67	0.00	0.26	15.36	0.49	0.65	21.78	0.00	1.21	71.64	2.29	3.03
爱沙尼亚	20.44	6.69	0.00	0.35	13.4	0.00	0.00	32.73	0.00	1.71	65.56	0.00	0.00
匈牙利	25.44	7.72	0.43	1.18	16.12	0.00	0.00	30.35	1.69	4.64	63.36	0.00	0.00
拉脱维亚	18.42	6.99	0.00	0.7	10.52	0.14	0.07	37.95	0.00	3.80	57.11	0.76	0.38
立陶宛	16.49	4.65	0.02	0.37	11.44	0.00	0.00	28.20	0.12	2.24	69.38	0.00	0.00
马其顿	20.5	4.24	0.00	0.49	13.38	1.52	0.88	20.68	0.00	2.39	65.27	7.41	4.29
波 兰	20.64	6.45	0.24	1.11	12.44	0.12	0.28	31.25	1.16	5.38	60.27	0.58	1.36
罗马尼亚	18.18	5.53	0.00	0.74	11.67	0.11	0.13	30.42	0.00	4.07	64.19	0.61	0.72
土耳其	21.07	5.81	0.27	12.58	0.3	2.1	0.00	27.57	1.28	59.71	1.42	9.97	0.00
非加权均值	20.20	5.33	0.08	1.64	12.55	0.44	0.17	26.38	0.40	8.11	62.11	2.16	0.85

资料来源：IMF Government Finance Statistics Yearbook 2011。
说明：马其顿为2008年数据。

表2–6

2010年CIS国家的税制结构

单位：%

国家	税收收入占GDP的比重							税制结构内部比重					
	合计	所得税	工薪税	财产税	货劳税	关税	其他税	所得税	工薪税	财产税	货劳税	关税	其他税
亚美尼亚	17.41	4.33	0.00	0.45	9.98	0.84	1.80	24.87	0.00	2.58	57.32	4.82	10.34
阿塞拜疆	12.55	4.89	0.00	0.36	6.57	0.70	0.03	38.96	0.00	2.87	52.35	5.58	0.24
白俄罗斯	27.28	7.19	0.00	1.12	14.15	3.51	1.31	26.36	0.00	4.11	51.87	12.87	4.80
格鲁吉亚	23.47	8.57	0.00	0.92	13.32	0.34	0.31	36.51	0.00	3.92	56.75	1.45	1.32
哈萨克斯坦	13.38	5.56	1.22	0.71	3.8	1.81	0.29	41.55	9.12	5.31	28.40	13.53	2.17
摩尔多瓦	21.78	2.82	0.00	0.39	17.06	1.5	0.00	12.95	0.00	1.79	78.33	6.89	0.00
蒙 古	25.11	11.57	0.00	0.16	10.41	2.3	0.67	46.08	0.00	0.64	41.46	9.16	2.67
俄罗斯	22.89	8.26	0.00	1.2	6.57	6.86	0.00	36.09	0.00	5.24	28.70	29.97	0.00
乌克兰	21.53	8.35	0.12	0.79	11.34	0.85	0.08	38.78	0.56	3.67	52.67	3.95	0.37
非加权均值	20.60	6.84	0.15	0.68	10.36	2.08	0.50	33.19	0.72	3.29	50.27	10.09	2.42

资料来源：IMF Government Finance Statistics Yearbook 2011。

表2-7 2010年中东北非及撒哈拉以南国家的税制结构

单位：%

国家	税收收入占GDP的比重							税制结构内部比重					
	合计	所得税	工薪税	财产税	货劳税	关税	其他税	所得税	工薪税	财产税	货劳税	关税	其他税
埃及	14.13	6.35	0.00	0.73	5.56	1.22	0.27	44.94	0.00	5.17	39.35	8.63	1.91
摩洛哥	24.49	8.20	0.00	1.53	11.83	1.78	1.14	33.48	0.00	6.25	48.31	7.27	4.65
突尼斯	22.54	8.71	0.34	0.58	10.38	1.97	0.56	38.64	1.51	2.57	46.05	8.74	2.48
莱索托	60.11	11.71	0.00	0.66	8.33	38.26	1.15	19.48	0.00	1.10	13.86	63.65	1.91
毛里求斯	19.51	4.85	0.06	1.50	12.17	0.53	0.41	24.86	0.31	7.69	62.38	2.72	2.10
塞舌尔	28.82	9.20	0.00	0.00	13.35	6.27	0.00	31.92	0.00	0.00	46.32	21.76	0.00
南非	26.45	13.82	0.32	1.39	9.96	0.97	0.00	52.25	1.21	5.26	37.66	3.67	0.00
非加权均值	27.41	10.39	0.12	1.04	11.79	8.93	0.56	31.29	0.47	4.38	46.63	21.51	2.03

资料来源：IMF Government Finance Statistics Yearbook 2011。

表2-8　　2010年西半球ECCU国家的税制结构

单位：%

国家	税收收入占GDP的比重							税制结构内部比重					
	合计	所得税	工薪税	财产税	货劳税	关税	其他税	所得税	工薪税	财产税	货劳税	关税	其他税
圣基茨和内维茨	17.03	3.26	0.00	0.51	4.64	8.62	0.00	19.14	0.00	2.99	27.25	50.62	0.00
玻利维亚	24.52	3.08	0.00	2.89	16.68	1.08	0.79	12.56	0.00	11.79	68.03	4.40	3.22
巴西	25.36	6.90	0.32	1.25	15.65	0.56	0.67	27.21	1.26	4.93	61.71	2.21	2.64
智利	19.91	6.26	0.00	0.49	11.14	0.26	1.76	31.44	0.00	2.46	55.95	1.31	8.84
哥伦比亚	15.46	3.76	0.75	2.18	7.74	1.02	0.01	24.32	4.85	14.10	50.06	6.60	0.06
哥斯达黎加	14.23	3.97	0.00	0.91	8.17	1.00	0.17	27.90	0.00	6.39	57.41	7.03	1.19
萨尔瓦多	14.56	4.92	0.00	0.08	8.64	0.92	0.00	33.79	0.00	0.55	59.34	6.32	0.00
洪都拉斯	15.60	4.55	0.00	1.10	9.08	0.86	0.00	29.17	0.00	7.05	58.21	5.51	0.00
巴拉圭	13.69	2.41	0.00	0.28	9.05	1.76	0.18	17.60	0.00	2.05	66.11	12.86	1.31
秘鲁	15.17	5.94	0.00	0.26	7.46	0.41	1.09	39.16	0.00	1.71	49.18	2.70	7.19
非加权均值	17.55	4.51	0.11	1.00	9.83	1.65	0.47	25.67	0.61	5.67	55.97	9.39	2.66

资料来源：IMF Government Finance Statistics Yearbook 2011。

达到了38.26%，占税收收入的比重达到了63.65%，其税收收入严重依赖于关税，而不是其他税收收入（详见表2–7）。

西半球东加勒比货币联盟（ECCU）10个国家税收收入占GDP的比重平均为17.55%。在税收收入中，所得税占GDP的比重平均为4.51%，占税收收入的比重为25.67%；货劳税（含关税）占GDP的比重为10.48%，占税收收入的比重为65.36%。其中，巴拉圭的货劳税（含关税）占比最高，接近79%（详见表2–8）。

2.3.3 中国现今的税制结构

1994年税制改革以来，我国税收收入呈现高速增长的态势，税收总收入从1994年的4893.27亿元增加到2012年的11076.04亿元（详见表2–9），增长了21.6倍，年均增长率为17.84%。在所有税收收入中，所得税收入增长速度最快，增长了38倍之多，平均每年增长率为21.45%；财产税增速也相当迅猛，增长了约30.8倍，年均增长率为21.18%；货劳税的收入增长了18倍，年均增长率为17.78%，略低于税收总收入的增长率。

从税收收入的结构来看，货劳税占比从1994年的79.73%下降为2012年的65.39%，基本呈逐年下降趋势，下降了14个百分点；其中，2000年比上年下降了接近4个百分点，2002年后上升到75.11%，以后则基本呈下降趋势。所得税占比从1994年的15.54%上升为2012年的26.90%，基本呈上升趋势，上升了11.5个百分点；其中，2007年以来所得税的比重均在26%以上，2011年达到了28.20%的最高值。财产税占比从1994年的2.13%上升为2012年的2.91%，仅有细微上升。其他税种的比重变化不大，最高为1997年的4.88%，最低为2005年的0.72%；在其他税种中，占最大比重的是印花税（特别是证券交易印花税），因而其比重的变化与我国股市行情的变化相一致，行情火爆时该比重迅速上升，否则迅速回落，或者说股市行情火爆时该比重较高，反之则低。

2.3.4 结论与启示

从税制结构上讲，2010年发达国家所得、利润和资本利得税占比的平均值达到了48.06%，全部发展中国家的平均值也达到了28.39%，而我国的最高

表2-9　我国1994—2012年税制结构的演进过程

单位：亿元，%

年份	税收合计	货劳税		所得税		财产税		其他税	
		绝对值	比重	绝对值	比重	绝对值	比重	绝对值	比重
1994	4893.27	3901.36	79.73	760.53	15.54	104.04	2.13	127.29	2.60
1995	5716.83	4483.66	78.43	959.09	16.78	128.72	2.25	145.36	2.54
1996	6524.72	4977.10	76.28	1110.20	17.02	156.74	2.40	280.68	4.30
1997	8113.34	6194.25	76.35	1338.21	16.49	185.13	2.28	395.75	4.88
1998	8969.70	6981.73	77.84	1381.68	15.40	233.11	2.60	373.19	4.16
1999	10250.10	7896.57	77.04	1648.31	16.08	263.47	2.57	441.75	4.31
2000	12681.79	9268.54	73.09	2515.09	19.83	297.96	2.35	600.20	4.73
2001	16005.99	11668.44	72.90	3640.82	22.75	319.38	2.00	377.36	2.36
2002	17700.83	13295.15	75.11	3820.27	21.58	388.12	2.19	197.30	1.11
2003	21389.27	16217.39	75.82	4502.26	21.05	477.59	2.23	222.03	1.04
2004	26767.25	20079.02	75.01	5886.23	21.99	508.29	1.90	293.70	1.10

续表

年份	税收合计	货劳税		所得税		财产税		其他税	
		绝对值	比重	绝对值	比重	绝对值	比重	绝对值	比重
2005	31933.20	23346.98	73.11	7745.58	24.26	612.10	1.92	228.54	0.72
2006	38778.83	27894.82	71.93	9765.04	25.18	741.59	1.91	377.38	0.97
2007	50884.37	34329.53	67.47	13263.05	26.07	1029.06	2.02	2262.74	4.45
2008	59631.75	40213.79	67.44	16454.92	27.59	1641.35	2.75	1321.69	2.22
2009	64587.41	44954.66	69.60	16819.40	26.04	1911.13	2.96	902.22	1.40
2010	79422.28	55576.14	69.98	20664.45	26.02	2139.68	2.69	1042.01	1.31
2011	98287.56	66898.55	68.06	27718.67	28.20	2626.61	2.67	1043.73	1.06
2012	113547.45	74251.20	65.39	30547.24	26.90	3306.22	2.91	5442.79	4.79

数据来源：关税数据来源于《中国财政年鉴》，其他数据来源于历年《中国税务年鉴》。

水平为2011年的28.20%；就货劳税而言，2010年发达国家占比仅为41.71%，全部发展中国家的平均值为64.47%，而我国即使近年来大幅下降，但2012年仍然达到了65.39%。特别要说明的是，按照世界银行的标准，我国已于2010年达到了中高等收入国家的标准[①]，超过大部分新兴及发展中国家，但是由于收入水平不均衡，我国税制结构相关指标未及其平均标准。

整体上看，社会经济发展的水平及其结构仍是决定税制结构的最基本因素。世界银行曾经对86个发展中国家的税制结构进行比较分析，发现经济发展水平同税制结构存在较为密切的联系，认为所得税的收入比重随人均GDP增长而上升，而货劳税和关税的收入比重随人均GDP增长而下降。美国财政学家马斯格雷夫的分析指出，货劳税和关税占税收的比重同人均GDP呈负相关，即随人均GDP增加，货劳税和关税占税收的比重下降；个人所得税占税收的比重同人均GDP呈正相关，即随人均GDP增加，个人所得税占税收的比重上升；企业所得税、社会保障税占税收的比重同人均GDP的关系因相关性较差而难以确定，但统计资料表明其比重具有随人均GDP增长先上升、后下降的趋势[②]。相似的是，本书的研究亦表明，经济发展水平是影响税制结构的最重要因素。比如，OECD及发达国家的所得税比重较高，货劳税比重较低；发展中国家的所得税比重较低，而货劳税比重较高；另外，发达国家还有比重不低的社会保障税（缴款）。

但经济发展水平不是决定税制结构的唯一因素，部分经济发展水平相同的国家其税制结构却可能迥异，而经济水平差异较大的国家却可能存在相似的税制结构。比如，税收的管理能力就对税制结构有较强的影响。货劳税对商品劳务销售或经营取得的收入征税，因而征收管理比较简单；而所得税对企业利润所得或个人收入征税，征收管理较为复杂。因此，征收所得税往往受到征收管理水平、征收管理能力和征收管理成本制约而难以推行。这也是发展中国家对货劳税依赖程度较高的重要原因。尽管学界已经注意到征管因素对税制结构的影响，但重视程度显然还不够。比如，抗战时期国民政府的税收收入有接近2/3来自于所得税[③]。显然，当时的经济发

① 根据世界银行World Development Indicator （2012）以人均国民收入（GNI）划定的标准，2010年人均GNI为1005美元以下为低收入国家；人均GNI在1006~3795美元为中低收入国家；人均GNI在3796~12275美元为中高收入国家，而高于12276美元的为高收入国家。说明，世界银行出版的World Development Indicator每年会对上述标准进行调整。

② 王国清，马骁，程谦. 财政学[M]. 北京：高等教育出版社，2010.

③ 付志宇. 近代财政学的创建者——李锐[J]. 公共经济与政策研究（内部刊物），2012(2).

展水平无法与我国现时期相比，而当时的所得税占比如此之高，一是由于工商业因战争而遭到很大的损失，故工商税收占比下降；二是由于当时政府非常重视所得税的征收，从而筹集到了相当比重的所得税收入。又如，不丹虽然国土面积小，经济相对落后，2010年人均GDP不足2000美元，但其所得税占比却高达58.23%，这与其征管制度、税收文化及国民的纳税意识是分不开的。由此可见，我国亟须完善税收征管制度及框架，以适应税制结构调整的需要。

另外，税制结构还受制于税收政策的特定目标，不同的政策目标将影响税制结构的选择。从税收的公平目标考虑，虽然差别性货劳税和累进所得税都能起到公平分配的调节效果，但累进所得税对公平分配的调节功能比差别性货劳税更强。从税收的稳定目标考虑，所得税由累进税率形成的弹性税制，相对于货劳税由比例税率形成的刚性税制，对宏观经济稳定具有更大的调节作用。比如，丹麦、挪威等国对公平性的要求较高，故而导致了较高的所得税占比。

经过30多年的改革开放，我国的综合国力有了较大幅度的提升，税收政策的目标理应从效率优先、兼顾公平转变为效率与公平并重，故而需要进一步提升所得税占全部税收收入的比重。另外，随着我国市场经济体制的不断完善，在深度融入国际经济的背景下，国民经济的波动频率和幅度将可能不断上升，亟须提高税收制度及政策对于宏观经济的调控能力，故需进一步提升所得税占全部税收收入的比重。总的来说，我国需要优化现有税收制度框架，从而建立更加均衡的税制结构。

附录

1.OECD税收分类法

(1) 1000[①] 所得、利润和资本利得税（Taxes on income, profits and capital gains）

1100 个人所得、利润和资本利得税（Taxes on income, profits and capital gains of individuals）

1110 所得和利润税（On income and profits）

1120 资本利得税（On capital gains）

1200 公司所得、利润和资本利得税（Corporate taxes on income, profits and capital gains）

1210 所得和利润税（On income and profits）

1220 资本利得税（On capital gains）

1300 其他税收收入（Unallocable as between 1100 and 1200）

(2) 2000 社会保障税（Social security contributions）

2100 个人社会保障税（Employees）

2110 以工薪税为基础（On payroll basis）

2120 以所得税为基础（On an income tax basis）

2200 公司社会保障税（Employers）

2210 以工薪税为基础（On payroll basis）

2220 以所得税为基础（On an income tax basis）

2300 自雇或非就业人员社会保障税

2310 以工薪税为基础（On payroll basis）

2320 以所得税为基础（On an income tax basis）

2400 其他社会保障税（Unallocable as between 2100，2200 and 2300）

2410 以工薪税为基础（On payroll basis）

2420 以所得税为基础（On an income tax basis）

(3) 3000 工薪税（Taxes on payroll and workforce）

(4) 4000 财产税（Taxes on property）

4100 对不动产的周期性课税（Recurrent taxes on immovable property）

4110 对家庭的课税（Households）

4120 其他（Others）

4200 对净财富的周期性课税（Recurrent taxes on net wealth）

4210 对个人的课税（Individuals）

4220 对公司的课税（Corporate）

4300 房产、遗产和赠与税（Estate, inheritance and gift taxes）

① 此为《经济合作与发展组织收入统计》中对税种的编号，为便于理解、查找和对比，予以保留。

续表

4310 房产遗产税（Estate and inheritance taxes）
4320 赠与税（Gift taxes）
4400 金融和资本交易课税（Taxes on financial and capital transactions）
4500 其他非周期性课税（Other non-recurrent taxes on property）
4510 对净财富的课税（On net wealth）
4520 其他（Other non-recurrent taxes）
4600 其他周期性课税（Other recurrent taxes on property）
（5）5000 货物和劳务税（Taxes on goods and services）
5100 对生产、销售和转移的课税（Taxes on production, sale, transfer, leasing and delivery of goods and rendering of services）
5110 一般性货劳税（General taxes）
5111 增值税（Value added taxes）
5112 销售税（Sales taxes）
5113 其他（Other general taxes on goods and services）
5120 选择性货劳税（Taxes on specific goods and services）
5121 消费税（Excises）
5122 财政垄断利润（Profits of fiscal monopolies）
5123 关税（Customs and import duties）
5124 出口税（Taxes on exports）
5125 投资品税（Taxes on investment goods）
5126 特定服务税（Taxes on specific services）
5127 其他进出口交易税（Other taxes on international trade and transactions）
5128 其他选择性货劳税（Other taxes on specific goods and services）
5130 其他（Unallocable as between 5110 and 5120）
5200 对商品使用或商品使用及表演行为许可的课税（Taxes on use of goods, or permission to use goods or perform activities）
5210 周期性课税（Recurrent taxes）
5211 家庭汽车使用税（Paid by households in respect of motor vehicles）
5212 其他汽车使用税（Paid by others in respect of motor vehicles）
5213 其他周期性课税（Other recurrent taxes）
5220 非周期性课税（Non-recurrent taxes）
5300 其他（Unallocable as between 5100 and 5200）
（6）6000 其他税（Other taxes）
6100 商家支付（Paid solely by business）
6200 非商家支付（Paid by other than business or unidentifiable）

资料来源：OECD Revenue Statistics 2014（1965—2013）。

2.IMF政府收入分类法（GFSM2014）

11　税收（Taxes）

111　所得、利润和资本利得税（Taxes on income, profits and capital gains）

1111　个人所得、利润和资本利得税（Payable by individuals）

1112　公司所得、利润和资本利得税（Payable by corporations and other enterprises）

1113　其他税收收入（Other taxes on income, profits and capital gains）

112　工薪税（Taxes on payroll and workforce）

113　财产税（Taxes on property）

1131　对不动产的周期性课税（Recurrent taxes on immovable property）

1132　对净财富的周期性课税（Recurrent taxes on net wealth）

1133　房产、遗产和赠与税（Estate, inheritance and gift taxes）

1135　资本课税（Capital levies）

1136　其他周期性课税（Other recurrent taxes on property）

114　货物和劳务税（Taxes on goods and services）

1141　一般性货劳税（General taxes on goods and services）

11411　增值税（Value added taxes）

11412　销售税（Sales taxes）

11413　流转税及其他一般性货劳税（Turnover and other general taxes on goods and services）

11414　金融和资本交易税（Taxes on financial and capital transaction）

1142　消费税（Excise）

1143　财政垄断利润（Profits of fiscal monopolies）

1144　特定服务税（Taxes on specific services）

1145　对商品使用或商品使用及表演行为许可的课税（Taxes on use of goods and permission to use goods or perform activities）

11451　汽车税（Motor vehicle taxes）

11452　其他对商品使用或商品使用及表演行为许可的课税（Other taxes on use of goods and permission to use goods or perform activities）

1146　其他货劳税（Other taxes on goods and services）

115　国际贸易及交易税（Taxes on international trade and transactions）

1151　关税与其他进口税（Custom and other import duties）

1152　出口税（Taxes on exports）

1153　进出口垄断利润（Profits of export or import monopolies）

1154　汇兑利润（Exchange profits）

1155　汇兑税收（Exchange taxes）

1156　其他（Other taxes on international trade and transactions）

116　其他税（Other taxes）

续表

1161 商家支付（Paid solely by business）	
1162 非商家支付（Paid by other than business or unidentifiable）	
12 社会保障税（Social contributions）	
13 转移支付（Grants）	
14 其他收入（Other revenue）	

资料来源：IMF Government Finance Statistics Manual 2014。

3.OECD税收分类法与其他国际分类法的比较

OECD classification	2008SNA	1995ESA	GFSM 2001
（1）1000 Taxes on income, profits and capital gains			
1100 Individuals			
1110 Income and profits	D51–8.61a	D51A	1111
1120 Capital gains	D51–8.61c,d	D51C,D	1111
1200 Corporations			
1210 Income and profits	D51–8.61b	D51B	1112
1220 Capital gains	D51–8.61c	D51C	1112
1300 Unallocable as between 1100 and 1200			1113
（2）2000 Social security contributions			
2100 Employees	D613–8.85	D61111	1211
2200 Employers	D611–8.83	D61121	1212
2300 Self–employed, non–employed	D613–8.85	D61131	1213
2400 Unallocable as between 2100，2200 and 2300			1214
（3）3000 Taxes on payroll and workforce	D29–7.96a	D29C	112
（4）4000 Taxes on property			
4100 Recurrent taxes on immovable property			
4110 Households	D59–8.63a	D59A	1131
4120 Others	D29–7.97b	D29A	1131
4200 Recurrent taxes on net wealth			
4210 Individuals	D59–8.63b	D59A	1132
4220 Corporate	D59–8.63b	D59A	1132
4300 Estate, inheritance and gift taxes			
4310 Estate and inheritance taxes	D91–10.207b	D91A	1133
4320 Gift taxes	D91–10.207b	D91A	1133

续表

OECD classification	2008SNA	1995ESA	GFSM 2001
4400 Taxes on financial and capital transactions	D59–7.95d; D29–7.96e	D214B,C	1134; 1161
4500 Other non–recurrent taxes on property	D91–10.207a	D91B	1135
4600 Other recurrent taxes on property	D59–8.63c	D59A	1136
(5) 5000 Taxes on goods and services			
5100 Taxes on production, sale and transfer of goods and rendering of services			
5110 General taxes			
5111 Value added taxes	D211–7.88	D211;D29G	11411
5112 Sales taxes	D2122–7.93a; D214–7.95a	D2122D; D214	11412
5113 Other general taxes on goods and services	D214–7.95a	D214	11413
5120 Taxes on specific goods and services			
5121 Excises	D2122–7.93b; D214–7.95b	D2122C; D214A,B,D	1142
5122 Profits of fiscal monopolies	D2121–7.95e	D214J	1143
5123 Customs and import duties	D2121–7.92	D2121; D2122A,B	1151
5124 Taxes on exports	D213–7.94	D214K	1152–4
5125 Taxes on investment goods			
5126 Taxes on specific services	D2122–7.93c; D214–7.95c	D2122E; D214E,F, G;D29F	1144; 1156
5127 Other taxes on international trade and transactions	D2122–7.93d; D29–7.96g; D59–8.64d	D2122F; D29D;D59E	1153; 1155–6
5128 Other taxes on specific goods and services			
5130 Unallocable as between 5110 and 5120			
5200 Taxes on use of goods, or permission to use goods or perform activities			
5210 Recurrent taxes			
5211 Paid by households in respect of motor vehicles	D59–8.64c	D59D	11451
5212 Paid by others in respect of motor vehicles	D29–7.96d	D214D; D29B	11451
5213 Other recurrent taxes	D29–7.97c,d, f;D59–8.64c	D29B,E,F; D59D	11452

续表

OECD classification	2008SNA	1995ESA	GFSM 2001
5220 Non-recurrent taxes			
5300 Unallocable as between 5100 and 5200			
(6) 6000 Other taxes			
6100 Paid solely by business			
6200 Paid by other than business or unidentifiable	D59-8.64a,b	D59B,C	1162

资料来源：OECD Revenue Statistics 2014（1965—2013）。

说明：2008SNA是指国民账户体系；1995ESA是指欧洲账户体系；GFSM2001是指IMF政府财政统计手册体系。另外，OECD Revenue Statistics 2014与OECD Revenue Statistics 2013中OECD分类法中同一项目在2008SNA的列示并不完全相同。

3. 税制结构与居民收入分配

3.1 相关文献回顾

西方学界非常重视税制结构对居民收入分配的影响，并就各税种对收入分配的影响机制进行了研究。比如，Borge和Rattsø（2004）[①]以挪威的数据为依托，分析了税制结构与居民收入分配之间的关系，认为居民收入分配越不公平，越需要税制结构进行调节。Baer和Galvão（2008）[②]认为，拉美国家过高的间接税比重加剧了居民收入分配的不平等，累退的间接税很大程度上造成了巴西的居民收入分配不公。Saez（2004）[③]分析了基于再分配的直接税和间接税的短期和长期效果，认为间接税在短期内对居民收入再分配具有优势，而直接税在长期上对居民收入再分配具有优势。

国外也有学者认为税制结构对居民收入分配的影响力有限，特别是在发展中国家更是如此。比如，Engel等（1999）[④]考察了智利税制结构对居民家

---

① Borge, Lars-Erik & Jørn Rattsø. Income Distribution and Tax Structure: Empirical Test of the Meltzer-Richard Hypothesis[J]. European Economic Review, 2004, 48:805-826.

② Baer, Werner & Antonio Fialho Galvão Jr. Tax Burden, Government Expenditures and Income Distribution in Brazil[J]. The Quarterly Review of Economics and Finance, 2008, 48:345-358.

③ Saez, E. Direct or Indirect Tax Instruments for Redistribution: Short-run versus Long-run[J]. Journal of Public Economics, 2004, 88: 503-518.

④ Engel, Eduardo M. R. A. & Galetovic, Alexander & Claudio E. Raddatz. Taxes and Income Distribution in Chile: Some Unpleasant Re-distributive Arithmetic[J]. Journal of Development Economics, 1999, 59:155-192.

庭收入分配的影响，认为税制结构对收入分配的影响很小，税前和税后基尼系数很接近。Bird和Zolt（2005）①认为，发达国家由于有着良好的市场和政府，累进所得税制往往成为减少收入不平等的工具，而发展中国家往往面对着相对落后的市场和相对无效的政府监管，导致累进所得税在减少收入分配不平等方面的表现有限。

国内学界研究税制结构对收入分配的影响相对较少，代表性的文献有：王乔和汪柱旺（2008）②、闻媛（2009）③、赵福昌（2011）④等认为，现行税制结构中的增值税和消费税扩大了居民的收入差距，而个人所得税对缩小居民收入差距有良好的促进作用，因而主张增加所得税（尤其是个人所得税）在税收收入中的比重，相应降低流转税特别是增值税的比重。在定量研究方面，刘怡和聂海峰（2004）⑤认为，增值税和消费税具有累退性，且消费税的累退性更高，故而对收入再分配不利。聂海峰和刘怡（2010）⑥的研究则表明，从年度收入来看，各项间接税都是显著累退的；从终身收入来看，所有税收的累退性减弱；从整体来看，间接税接近比例负担，从而进一步深化了刘怡、聂海峰（2004）的结论。

总体来看，税制结构对居民收入分配的研究尚有待进一步深入，本章拟从税制结构影响居民收入分配的机理着手，从定量角度探讨我国现有税制结构对居民收入分配的影响效果，从而为税制结构的优化提供理论支撑。

3.2 税制结构对居民收入分配的影响机理

早期的税收制度对于国民经济的影响仅限于为政府筹集财政资金，因此马克思说“税收是喂养政府的奶娘”；但随着社会经济不断向前发展，税收制度开始具备了合理配置资源、调节收入分配及稳定宏观经济的职能。特别是随着社会阶层分化的日益加剧和贫富差距的不断扩大，为了协调各社会群体间的矛

① Bird, Richard M. & Eric M. Zolt. The Limited Role of the Personal Income Tax in Developing Countries [J]. Journal of Asian Economics, 2005, 16(6):928-946.
② 王乔，汪柱旺. 我国现行税制结构影响居民收入分配差距的实证分析[J]. 当代财经，2008(2).
③ 闻媛. 我国税制结构对居民收入分配影响的分析与思考[J]. 经济理论与经济管理，2009(4).
④ 赵福昌. 税制结构与收入差距研究[J]. 中央财经大学学报，2011(9).
⑤ 刘怡，聂海峰. 间接税负担对收入分配的影响分析[J]. 经济研究，2004(5).
⑥ 聂海峰，刘怡. 城镇居民的间接税负担：基于投入产出表的估算[J]. 经济研究，2010(7).

盾，迫切需要对居民收入分配进行调节。税收制度是由各税系及税种相互衔接组成的，其对居民收入分配的影响也是通过各税系及相应的税种来实现的。

3.2.1 货劳税系的居民收入分配效应

货劳税是对商品和劳务的征税，大多采用比例税率。通常认为，货劳税具有累退性，因为低收入阶层的大部分收入用于消费（特别是日常生活消费），而高收入阶层的收入仅有较小部分用于消费，在采用比例税率的条件下，低收入阶层所承担的货劳税占其收入的比重将远大于高收入阶层。当然，货劳税有多种形式，其对居民收入分配的效果是不同的。

3.2.1.1 增值税的居民收入分配效应

在我国，影响力最大的货劳税是增值税，其采用道道课征和扣税制度，保证了税收收入的及时足额缴纳入库，对于筹集稳定的国家财政收入具有非常重要的作用。一般认为，增值税除对小部分商品课以13%的低税率之外，对绝大多数商品按照17%的比例税率课税，因而其在居民消费环节具有明显的累退性。学界的研究多次证明了增值税具有明显的累退性。比如，聂海峰和刘怡（2010）①使用投入产出表和城镇家庭消费数据，研究了不同收入家庭增值税的负担分布及累进性的演变情况，其研究发现，低收入家庭负担的增值税与收入比例高于高收入家庭，增值税具有明显的累退性且高收入与低收入家庭的负担差距呈扩大趋势。包秀娟（2009）②认为，增值税具有累退性主要是由三个方面的因素造成的，一是由于其采用基本统一的名义税率，增值税的平均税率随城镇居民家庭平均收入的增加而降低；二是由于我国增值税实际税率较高，税率越高越不利于低收入阶层；三是增值税税基较窄，非贫穷阶层的大量支出项目被排除在征收范围之外，其累退性自然难以避免。刘穷志（2011）③的研究结果亦表明，增值税具有较强的累退性，在一定程度上加剧了居民收入不平等。

① 聂海峰，刘怡. 增值税的负担分布和累进性演变研究[J]. 经济科学，2010(3).
② 包秀娟. 适当弱化中国增值税累退性的构想[J]. 沈阳大学学报，2009(5).
③ 刘穷志. 间接税归宿的累退性与居民收入不平等[J]. 经济管理，2011(1).

3.2.1.2 营业税的居民收入分配效应

尽管学界对增值税的累退性具有共性的认识，但是对营业税的累退性却有不同的看法。按照我国1994年税制改革的方案，营业税对运输业、建筑业、文化体育业、邮电通信业、金融保险业、服务业、转让无形资产、销售不动产和娱乐业9个税目征税。[①]由于上述行业与居民生活的关系有直接与间接之分，故而对于居民收入分配的影响程度有较大差异。比如，大部分娱乐业按照20%的税率征税，具有一定的累进性，对于收入分配具有一定的调节作用；餐饮服务业实行5%的税率，而航空运输业实行3%的税率，前者与普通居民的日常生活息息相关，其税率却高于较高收入者才能消费的航空运输业，明显具有一定的累退性[②]；而就建筑业、交通运输业本身而言，其主要是对生产活动的课税行为，对于居民收入分配的调节作用相对较小。由于营业税的多税目性质导致了累进或累退性质不太明确，故刘怡和聂海峰（2004）[③]研究表明，高收入家庭负担营业税的比例高于低收入家庭，即营业税具有累进性；而刘穷志（2011）[④]的研究结果则表明营业税具有弱累退性。

3.2.1.3 消费税的居民收入分配效应

按照1994年税制改革方案，我国在对所有商品实行普遍征收增值税之外还有选择性地对少数消费品征收消费税；2005年我国对消费税进行了扩围改革，增加了高尔夫球及球具、高档手表、游艇、木质一次性筷子、实木地板等税目；其后还对相关消费品的税率进行了调整。根据我国消费税的课税原则，主要选择了如下项目进行课税：一是过度消费对身体健康有一定伤害的商品，如卷烟和白酒；二是不可再生的稀缺物质资源及其互补品，如成品油、小汽车、摩托车等；三是奢侈消费行为及奢侈品，如高档化妆品、贵重首饰与珠宝玉石、高尔夫球及球具、高档手表、游艇等；四是具有环境生态效应的商品，如烟花爆竹、实木地板、木质一次性筷子、铅蓄电池、涂料等。消费税对奢侈消

---

① 自2012年我国启动营改增以来，营业税的征税范围逐渐缩小，并由于2016年5月全面推行营改增而实质性地退出历史舞台。

② 这里的高收入是指相对高收入，而不是指绝对的高收入。

③ 刘怡，聂海峰．间接税负担对收入分配的影响分析[J]．经济研究，2004（5）．

④ 刘穷志．间接税归宿的累退性与居民收入不平等[J]．经济管理，2011（1）．

费行为及奢侈品按照较高税率征税，其调节居民收入分配的目标指向是非常明确的。消费税对卷烟和白酒征收重税，尽管目的不一定是调节居民收入分配，却在一定意义上具有上述作用，但由于卷烟和白酒的消费人群及其需求弹性较为复杂，其调节居民收入分配的效果并不明确。因此，学界的大部分研究并没有证实消费税对居民收入分配的正向效果。比如，刘穷志（2011）[①]、刘怡和聂海峰（2004）[②]的研究均认为消费税的累退性较强，没有对居民收入分配产生较好的效果，或者说产生了逆向调节效果；而国外学者Richard M. Bird和Eric M. Zolt（2005）[③]的研究表明，在发展中国家个人所得税的收入分配效应较差，消费税的收入分配效应比所得税的效应更大。

3.2.2 所得税系的居民收入分配效应

3.2.2.1 个人所得税的居民收入分配效应

通常认为，所得税系对居民收入分配的影响最大，尤其以个人所得税为甚。个人所得税是对居民收入的课税制度，一般按照能力原则进行课征。个人所得税制有比例税制和累进税制之分，俄罗斯等独联体国家及部分东欧国家多采用比例税制，而世界上大多数国家则采用累进税制。由于比例税制不管个人收入水平的高低，其应纳税额与应纳税收入之间的比例保持不变，即平均税率维持不变，对居民收入分配的影响力较弱。但大多数国家采用累进税制，将居民应纳税收入按照一定的级距划分为多个档次，并对其规定不同的边际税率，收入越高其边际税率则越高，从而高收入居民的收入中将有更大部分转移到政府手中，降低了高收入居民与低收入居民间的差距；如果政府将从高收入居民手中筹集的收入采用一定的方式平均返还给全体居民，则能够进一步缩小居民间的收入差距。现实地看，政府利用从高收入阶层筹集的收入提供教育、医疗等公共产品，提高了低收入阶层获取较高收入的能力，从而在一定程度上解决了起点公平的问题。尽管理论上讲个人所得税对于居民收入分配具有较好的正向作用，但其发挥作用是有一定条件的，故而国内文献并没有就个人所得

① 刘穷志. 间接税归宿的累退性与居民收入不平等[J]. 经济管理，2011(1).
② 刘怡，聂海峰. 间接税负担对收入分配的影响分析[J]. 经济研究，2004(5).
③ Bird, Richard M. & Eric M. Zolt. The Limited Role of the Personal Income Tax in Developing Countries [J]. Journal of Asian Economics, 2005, 16(6):928-946.

税对收入分配的效应达成一致意见。比如，张文春（2005）①认为，发展中国家的个人所得税对于改善收入分配不公几乎不起作用；徐建炜、马光荣和李实（2013）②认为，我国个人所得税的累进性较高，但平均税率偏低，削弱了其在调节收入分配上的作用；特别是2006年以来，我国多次调高个人所得税的免征额从总体上反而恶化了个人所得税政策的收入分配效应。与之不同的是，陈建东、杨雯和冯瑛（2011）③认为，我国的个人所得税在缩小城镇居民收入差距方面比低保制度效果更好；饶海琴和冯仲华（2010）④认为，现行个人所得税对中等收入阶层调控功能显著，对高收入阶层调控功能偏弱。

3.2.2.2 企业所得税的居民收入分配效应

企业所得税对企业生产经营利润课税，其对居民收入分配会产生什么样的影响呢？部分学者认为，企业所得税通过对企业纯收益即净利润的课税，可以调节企业的盈利水平，缩小不同盈利状况企业之间的税后收益差距，同时减少资本收益，有助于缩小资本收入者与劳动收入者之间的收入差距，因而可以调节居民收入分配。部分学者则认为，尽管公司所得税是向公司所有者征收，但考虑到税负转嫁的复杂性和不确定性，企业所得税并不适合承担调节收入分配的重任。这是由于，封闭经济条件或短期条件下社会资本总额固定不变，资本所有者全部负担相关企业所得税；而在开放经济条件或长期条件下，对企业生产经营利润的征税会导致资本外流，税收负担将转嫁给劳动者。总体来看，企业所得税对居民收入分配的影响是通过间接方式实现的，即首先影响资本要素的价格及收益，并进而影响劳动力要素的价格及收益，改变二者之间的收益分配关系。比如，Piketty和Saez（2007）⑤认为，企业所得税在调节收入分配中起到了重要作用，强调对税制再分配功能的研究应该重视企业所得税。田志伟、胡怡建和朱王林（2014）⑥的研究表明，我国

---

① 张文春. 个人所得税与收入再分配[J]. 税务研究，2005(5).
② 徐建炜，马光荣，李实. 个人所得税改善中国收入分配了吗——基于对1997—2011年微观数据的动态评估[J]. 中国社会科学，2013(6).
③ 陈建东，杨雯，冯瑛. 最低生活保障与个人所得税的收入分配效应实证研究[J]. 经济体制改革，2011(1).
④ 饶海琴，冯仲华. 个人所得税调控居民收入分配差距的分层次功能——基于上海市城镇居民收入1990—2006年数据[J]. 上海经济研究，2010(4).
⑤ Piketty, Thomas & Emmanuel Saez. How Progressive is the U. S. Federal Tax System? A Historical and International Perspective[J]. Journal of Economic Perspectives, 2007, 21(1): 3-24.
⑥ 田志伟，胡怡建，朱王林. 个人所得税、企业所得税、个人社保支出与收入分配[J]. 财经论丛，2014(11).

企业所得税在2006年以前对城镇居民收入分配具有逆向调节作用，但程度呈逐渐降低的趋势；而在2006年及以后我国企业所得税对城镇居民收入分配呈正向调节作用，且程度逐渐增大。万莹（2013）[①]的研究表明，若假设税负由全部社会资本承担，企业所得税呈现微弱的累退性；若假设税负仅由公司资本承担，则企业所得税呈现一定的累进性；若税负归宿是以上两种情况的某种组合，则企业所得税的负担相对资本而言可能是接近比例分布的；如果考虑到资本要素大部分为高收入者所持有，企业所得税对居民收入分配的影响应该是累进的，企业所得税整体上应有助于缩小居民收入分配差距。

3.2.3 财产税系的居民收入分配效应

财产税是以各类财产为课税对象的税收制度，主要指向的是不动产。财产税分为静态财产税和动态财产税两种，前者对财产的持有使用征税，后者对财产的转让征税。从财产的形成而言，财产是由居民收入的储蓄转换而来的，对居民持有使用财产征税在一定程度上是重复征税。这是因为居民获取收入时已经征收了一次个人所得税，其除去消费之后的结余部分通过储蓄积累购置相关财产，而对居民征收财产税显然具有重复征税的效果。尽管对居民持有使用财产征税似乎不具有公平性，但却能够在一定程度上降低高收入阶层的收入水平；如果考虑到上述财产可能具有的增值空间，那么对居民持有使用财产征税则能够降低高收入阶层的资本利得水平。财产的转让有两种，一是出售，二是赠与或继承。财产出售时的征税又可分为利得税和行为税，对财产出售征收的利得税属于所得税的范畴，对财产出售征收的行为税（如契税）则需要考虑该行为税的征税方式与税率特征。对财产赠与或继承的征税是大部分国家的通行做法，其目的在于控制贫富差距的代际转移，即上一代积累的财富通过赠与或继承的方式转移给下一代，从而影响下一代之间的贫富差距。因此，赠与或遗产税能够在一定程度上缓解居民的收入分配差距。

要注意的是，学界对财产税到底是货物税还是资本税，抑或是使用费存在一定的分歧。关于货物税的观点认为，住房支出比例随着收入增加而下降，故而财产税（房产税）具有累退性；关于资本税的观点认为，财产税会

① 万莹．我国企业所得税收入分配效应的实证分析[J]．中央财经大学学报，2013(6)．

降低资本收益率，对收入分配的影响则是累进的；而关于使用费的观点认为，财产税不会有收入分配效应。①

3.3 居民收入分配差距衡量指标的选择

研究税制结构对居民收入分配的影响，无法回避居民收入分配差距衡量指标的选择，而学界衡量居民收入分配差距的指标很多，主要有泰尔指数、基尼系数、库兹涅茨指数、收入不良指数等。

3.3.1 泰尔指数

泰尔指数又被称为泰尔熵标准，是泰尔（Theil，1967）在研究信息理论时根据信息理论中的熵概念来计算社会的收入不平等而得到的一个指数。泰尔指数衡量收入分配差距的优势在于它具有很好的分解性质，可以较好地衡量组内差距和组间差距对总差距的贡献。

3.3.1.1 泰尔指数的由来

熵在信息论中被称为平均信息量。在信息理论中，假定某事件E将以某概率p发生，而后收到一条确定消息证实该事件E的发生，则此消息所包含的信息量可以用式（3–1）表示为：

$$h(p)=\log(\frac{1}{p}) \qquad (3\text{–}1)$$

设某完备事件组由各自发生概率依次为p_1，p_2，…，p_n的n个事件E_1，E_2，…，E_n构成，则有：

$$\sum_{i=1}^{n}P_i=1 \qquad (3\text{–}2)$$

熵或者期望信息量等于各事件的信息量与其相应概率乘积的总和：

$$H(x)=\sum_{i=1}^{n}p_i h(p_i)=\sum_{i=1}^{n}p_i\log(\frac{1}{p_i})=-\sum_{i=1}^{n}p_i\log h(p_i) \qquad (3\text{–}3)$$

① 哈维·S. 罗森，特德·盖亚. 财政学（第8版）[M]. 北京：中国人民大学出版社，2009.

将信息理论中的熵指数概念用于收入差距的测度时，可将收入差距的测度解释为将人口份额转化为收入份额（类似于洛伦茨曲线中将人口累计百分比信息转化为收入累计百分比）的消息所包含的信息量。而泰尔指数只是熵指数中的一个应用最广泛的特例。泰尔指数的表达式为：

$$T=\frac{1}{n}\sum_{i=1}^{n}\frac{y_i}{\bar{y}}\log(\frac{y_i}{\bar{y}}) \tag{3-4}$$

式中：T——测度收入差距程度的泰尔指数；

y_i, $\bar{y}$——分别代表第i个体的收入和所有个体的平均收入。

3.3.1.2 泰尔指数分解法

泰尔指数作为收入不平等程度的测度指标具备良好的可分解性质，即将样本分为多个群组时，泰尔指数可以分别衡量组内差距与组间差距对总差距的贡献。假设包含n个个体的样本被分为k个群组，每组分别为$g_k(k=1, 2, \cdots, k)$，第k组g_k中的个体数目为n_k，则有$\sum_{k=1}^{k}n_k=n$，y_i与y_k分别表示某个体i的收入份额与某群组k的收入总份额，记T_b与T_w分别为群组间差距和群组内差距，则可将泰尔指数分解如下：

$$T=T_b+T_w=\sum_{k=1}^{k}y_k\log\frac{y_k}{n_k/n}+\sum_{k=1}^{k}y_k(\sum_{i\in g_k}\frac{y_i}{y_k}\log\frac{y_i/y_k}{1/n_k}) \tag{3-5}$$

式（3-5）中群组间差距T_b与群组内差距T_w分别为：

$$T_b=\sum_{k=1}^{k}y_k\log\frac{y_k}{n_k/n} \tag{3-6}$$

$$T_w=\sum_{k=1}^{k}y_k(\sum_{i\in g_k}\frac{y_i}{y_k}\log\frac{y_i/y_k}{1/n_k}) \tag{3-7}$$

值得注意的是群组内差距项分别由各群组的组内差距之和构成，各群组的组内差距的计算公式与样本总体的计算公式相同，只是将样本容量控制在第k组的个体数目n_k。

3.3.2 基尼系数

基尼系数及其计算方法是意大利经济学家基尼于1922年在洛伦茨曲线的基础上提出来的，是国际上最流行的衡量收入分配差距的指标。

3.3.2.1 基尼系数的由来

基尼系数的基础是洛伦茨曲线，洛伦茨曲线与基尼系数的关系可以用图3–1很方便地表述出来。

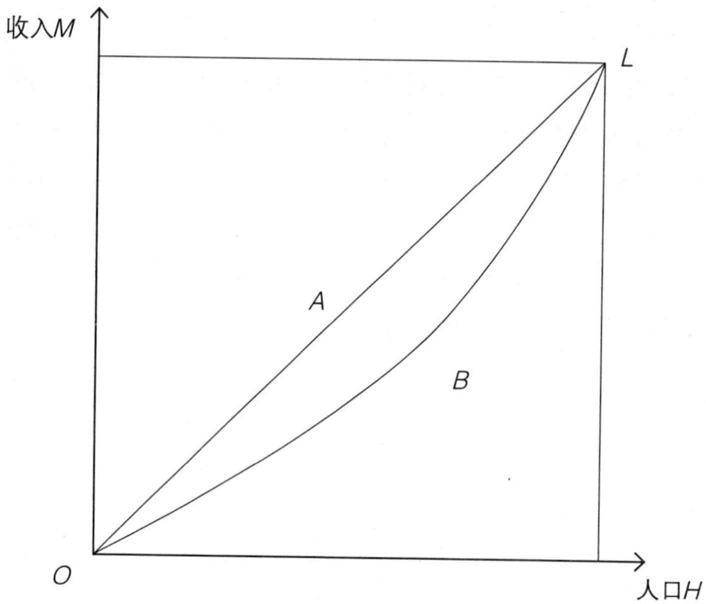

图3–1　洛伦茨曲线与基尼系数

图3–1中，横轴OH表示人口（按收入由低到高分组）的累积百分比，纵轴OM表示收入的累积百分比，直线OL为绝对平等线，弧线OL为洛伦茨曲线或实际收入分配曲线。设洛伦茨曲线或实际收入分配曲线与收入分配绝对平等线之间的面积为A，实际收入分配曲线右下方的面积为B，并以A除以$A+B$的商表示不平等程度。这个数值被称为基尼系数或洛伦茨系数。如果A为零，基尼系数为零，表示收入分配完全平等；如果B为零则系数为1，收入分配绝对不平等。该系数可在零和1之间取任何值。收入分配越是趋向平等，洛伦茨曲线的弧度越小，基尼系数也越小；反之，收入分配越是趋向不

平等，洛伦茨曲线的弧度越大，那么基尼系数也越大。按照联合国有关组织规定：基尼系数低于0.2表示收入绝对平均，0.2～0.3表示比较平均，0.3～0.4表示相对合理，0.4～0.5表示收入差距较大，0.5以上表示收入差距悬殊。学界通常把0.4作为收入分配差距的“警戒线”。一般发达国家的基尼指数在0.24～0.36之间。

基尼系数的计算公式为：

$$G=\sum_{i=1}^{n}X_iY_i+2\sum_{i=1}^{n}(1-V)-1 \qquad (3\text{-}8)$$

式中：X——各组的人口比重；

Y——各组的收入比重；

V——各组累计的收入比重，i=1，2，3，…，n；

n——分组的组数。[①]

更为常见的计算公式为：

$$G=\frac{1}{2n^2u}\sum_{i}\sum_{j}|y_i-y_j| \qquad (3\text{-}9)$$

式中：n——人口总数；

u——居民平均收入；

y_i，y_j——分别代表第i和第j个居民的收入。

通过这种方法计算出的基尼系数相对来说较为准确，但从目前大范围的统计工作来看，要获得全国全部城乡居民收入几乎不可能，只能按照统计原则来进行抽样调查。

$$G=P_c^2\frac{u_c}{u}G_c+P_r^2\frac{u_r}{u}G_r+P_cP_r\frac{|u_c-u_r|}{u} \qquad (3\text{-}10)$$

式（3-10）是“城乡加权法”计算公式。

式中：G_c——城镇居民的基尼系数；

G_r——农村居民的基尼系数；

u_c——城镇居民的人均收入；

u_r——农村居民的人均收入；

u——全国城乡居民的人均收入；

P_c，P_r——城乡的人口比重。

① 彭升. 我国收入分配差距与公平问题研究[M]. 长沙：中南大学出版社，2008.

3.3.2.2 基尼系数的分解

基尼系数与泰尔指数有一个共同的特点，即具有可分解性。对基尼系数的分解有助于进一步明晰基尼系数内部不同因素对总体收入差距的贡献。比如，可将总体收入差距分解为城乡之间的收入差距、城市内部的收入差距和农村内部的收入差距，也可分解为各地区之间、各行业之间的收入差距，等等。分解方法如下：

$$G=\sum_{i=1}^{n}I_iG_i^{'} \tag{3-11}$$

式中：G——总体的基尼系数，假设存在n种收入来源，则I_i表示第i种收入来源在总收入中所占的比重；

$G_i^{'}$——第i种收入的集中系数，由于它在计算时是按照总收入的从低到高排序，而不是按照该种收入来源自身的排序，因此$G_i^{'}$也称为伪基尼系数。

当$G_i^{'}>G$时，表明第i种收入来源的差距会扩大总体的收入差距；反之，当$G_i^{'}<G$时，则表明第i种收入来源的差距会缩小总体的收入差距。

由此可以将式（3-11）以每种收入的实际基尼系数来表示。将第i种收入按照其本身顺序从低到高进行排序，那么x_{qi}的实际排序为q'，则总体基尼系数可以转化为：

$$G=\sum_{i=1}^{n}I_iG_i^{'}=\sum_{i=1}^{n}R_iI_iG_i \tag{3-12}$$

式中：$R_i=\sum_{q=1}^{n}(q-\frac{n+1}{2})x_{qi}\div\sum_{q'=1}^{n}(q'-\frac{n+1}{2})x_{qi}=\frac{\mathrm{cov}(x_i,q)}{\mathrm{cov}(x_i,q')}$称为第$i$种收入与总收入的基尼相关系数。①

基尼系数作为一种抽象的经济指标，利用简单的分组数据简练地概括洛伦茨曲线所描述的居民收入分配状况，抽象掉了各类经济主体之间在收入分配方面具体的差异，以一个数值概括性地反映出整体分配的差异程度，使一些本不可比的现象具有可比性。这是基尼系数在全世界范围内得到普遍采用的主要原因。但是，必须看到，正是由于基尼系数的概括性和抽象性，毕竟

① 许云芳. 我国个人所得税税制模式、费用扣除额和累进税率改革的探讨——基于收入分布函数的研究[D]. 成都：西南财经大学，2015.

只是一个单一的统计指标，因而使得它在反映收入分配公平性方面也存在某些不足。比如，它丢掉了洛伦茨曲线所表示的一些信息，且只能从总体上概括抽象地反映居民之间收入分配的差异程度，无法反映每个收入阶层之间的收入差异程度以及绝对数额。

3.3.3 库兹涅茨指数

库兹涅茨指数用收入最高的20%人口的收入在总收入中的占比来描述收入分配的不平等程度；其介于0.2～1之间，指数越大表示收入分配差距越大。与库兹涅茨指数相似的，不良指数用最有钱的20%人群的平均收入除以最贫困的20%人群的平均收入。库兹涅茨指数与不良指数都具有计算简便、对数据要求不高的优势，在反映收入两极分化程度上比基尼系数更敏感；缺点是对中间群体关注不够，在数值上有夸大收入差距的嫌疑。

库兹涅茨率是用各组的收入比重减去该组的人口比重，求绝对值然后加总得到的。

$$K=\sum_{i=1}^{n}|f_i-p_i| \qquad (3\text{–}13)$$

由式（3–13）可以观察到，在按人口等分组的情况下，库兹涅茨率给各组赋予的权重不同，高收入组和低收入组被赋予了较高的权重，处于中间部位的收入组被赋予了较低权重，因此当总体收入分配出现两极分化的时候，其计算结果往往较大。所以，该指标对于观察两极分化情况非常有效。①

另外，还有部分学者采用阿鲁瓦利亚指数、收入均等指数、贫困指数、城乡差距指数等来衡量收入分配的差距。

3.4 我国居民收入分配的基本格局

随着我国社会经济的快速发展，居民收入差距持续扩大，具体表现为城镇居民收入差距、农村居民收入差距和全国居民收入差距均呈扩大趋势。其中，城镇居民收入基尼系数从1998年的0.2261上升为2012年的0.3063，上升了

① 赵静. 收入分配差距测度方法的比较研究[D]. 成都：西南财经大学，2013.

59.35%；农村居民收入基尼系数从1998年的0.3267上升为2012年的0.3636，上升了11.29%；而全国居民收入基尼系数则由1998年的0.3617上升为2012年的0.4126，上升了14.07%（见表3-1）。

表3-1　　1998—2012年全国居民收入基尼系数

年份	城镇居民基尼系数	农村居民基尼系数	全国基尼系数
1998	0.2261	0.3267	0.3617
1999	0.2329	0.3348	0.3756
2000	0.2451	0.3505	0.3916
2001	0.2557	0.3699	0.4050
2002	0.3068	0.3460	0.4256
2003	0.3150	0.3550	0.4361
2004	0.3233	0.3396	0.4335
2005	0.3292	0.3507	0.4372
2006	0.3260	0.3493	0.4228
2007	0.3229	0.3496	0.4179
2008	0.3289	0.3536	0.4391
2009	0.3248	0.3609	0.4380
2010	0.3192	0.3550	0.4274
2011	0.3189	0.3657	0.4211
2012	0.3063	0.3636	0.4126

资料来源：根据《中国统计年鉴》计算而得。

根据表3-1可以发现我国居民收入差距具有以下三个特点：

（1）全国居民收入的基尼系数总体上呈上升趋势，但2003年以后增速放缓。其中，1998—2002年全国居民收入基尼系数从0.3617上升到0.4256，扩大了0.064；其原因主要有三：一是1997年亚洲金融危机持续影响了我国经济增长；二是1998年之后我国大力推动国有企业改革，大量基层职工下岗导致收入锐减；三是该时期农村税费负担较重，收入不平等加剧。2003年之后基尼系数的上升趋缓，2003—2008年仅上升了0.003；其原因在于我国实施的积极财政政策开始发挥效应，且开始推行农村税费改革并于2006年取消征收农业税，农村居民收入矛盾得以缓解。2008年我国居民收入基尼系数达到0.4391的峰值，其后呈逐年下降趋势；其原因在于中央政府开始意识到国内居民收入差距的严重性，并采取了一系列措施，比如逐步提高劳动收入在国民收入分配中的比重，加大社会保障力度，等等。[①]

（2）农村居民收入基尼系数始终高于城镇居民收入基尼系数，但城镇居民收入基尼系数的变动却大于农村居民收入基尼系数的变动。农村居民收入的基尼系数较高，主要原因在于农村居民的收入主要来源于农业生产所得和外出打工报酬，而两者在农村居民间的差距相对较大。农业生产所得差异较大，是由于我国幅员辽阔、各地区的农业生产条件差异较大，且容易受到周边经济条件差异所导致的级差地租影响。外出打工报酬差异较大，是由于农民工外出打工的行业与地区选择存在一定的差异。比如，长三角农民工的工资率与珠三角农民工的工资率就存在较大的差异，而在沿海地区打工的收益则高于在内陆地区打工的收益；如果再考虑到农民工自身素质的差异，那么其获得的报酬则会出现更大的差距。城镇居民收入基尼系数上升了59.35%，而农村居民收入基尼系数仅上升了11.29%，其原因在于1998—2012年城镇经济改革不断推出新的举措，极大地推动经济结构的调整和优化，但也带来了部分居民收入的急剧下滑和部分居民收入的大幅度上升，从而扩大城镇居民的收入差距。

（3）城镇和农村居民之间的收入差距是全国居民收入差距的主要来源。我国长期以来形成的城乡二元经济发展格局导致城乡发展差距明显，城乡居民的收入差距较大。从城乡收入比的变动来看，1998—2002年城乡居民的人均收入比由2.51上升为3.11（见表3-2），相对应的基尼系数由0.3617上升为0.4256；2003—2008年城乡居民的人均收入比由3.23上升为3.31，相应的基尼系数由0.4361上升为0.4391；2009—2012年，城乡居民的人均收入比由3.33下降为3.10，相应的基尼系数也由0.4380下降为0.4126。由此可见，全国居民收入基尼系数与城乡居民收入比之间有着很强的相关性，城镇和农村居民间的收入差距是全国居民收入差距的主要来源。[②]

---

① 2013年年初国家统计局公布了2003—2012年的全国居民收入基尼系数，分别为：0.479、0.473、0.485、0.487、0.484、0.491、0.490、0.481、0.477、0.474，其基本数据和趋势与本书的测算数据大致相同。

② 费怀鹏. 我国税制结构影响收入分配的效应研究[D]. 成都：西南财经大学，2014.

表3-2　　1998—2012年全国城乡居民收入差距

年份	城镇居民人均收入（元）	农村居民人均纯收入（元）	城乡居民收入比
1998	5425.10	2162.00	2.51
1999	5845.02	2210.30	2.64
2000	6280.00	2253.40	2.79
2001	6859.60	2366.40	2.90
2002	7702.80	2475.60	3.11
2003	8472.20	2622.20	3.23
2004	9421.60	2936.40	3.21
2005	10493.00	3254.90	3.22
2006	11759.00	3587.00	3.28
2007	13786.00	4140.40	3.33
2008	15780.76	4760.62	3.31
2009	17174.65	5153.17	3.33
2010	19109.44	5919.01	3.23
2011	21810.00	6977.00	3.13
2012	24565.00	7917.00	3.10

资料来源：根据《中国统计年鉴》计算而得。

3.5 实证分析

3.5.1 模型设计

根据税制结构影响收入分配的一般机理，我们构造回归模型如下：

$$\ln Gap_t=\alpha+\beta\ln U_t+\varphi\ln V_t+\xi_t \quad (3\text{-}14)$$

式中：Gap——收入分配的差距；

α——截距项；

U——控制变量；

V——税制结构因素；

t——时间；

ξ——白噪声误差项。

3.5.2 变量选择与数据来源

3.5.2.1 被解释变量

学界衡量收入分配差距的指标很多，主要有基尼系数、泰尔指数、库兹涅茨指数、收入不良指数等指标。就学界关于税制结构收入分配效应的相关研究成果来看，大多采用泰尔指数、城乡差距系数、收入不良指数等，而采用基尼系数的成果相对较少；而事实上，基尼系数是国际上衡量收入分配差距的最常用指标，因此本书选择基尼系数作为被解释变量。

关于基尼系数，国家统计局仅公布了较少年份的数据，大部分年份的数据需要测算。基尼系数的测算方法很多，但要做到非常准确则需要详细的城乡调查数据，因国家统计局仅公布了分组数据，从而限制了国内学者对基尼系数估计的精度。值得庆幸的是，陈建东等较为准确地估计了我国城乡居民收入的分布函数，从而能够利用分组数据还原城乡居民总体的收入分布情况，其测算的基尼系数比其他文献所公布的基尼系数更有说服力。因此，本书1994—2006年的数据来源于陈建东的研究成果（陈建东等，2010）①，而2007—2012年的数据则来源于国家统计局的公告。②

3.5.2.2 控制变量

（1）经济发展水平。大量文献均认为收入分配差距与经济发展水平具有密切的关联。比如，库兹涅茨（Kuznets，1955）通过对18个国家经济增长与收入差距实证资料的分析，认为收入分配的长期变动轨迹是“先恶化，后改进”，从而提出了关于经济增长与收入分配不平等的倒“U”形曲线假说；

① Chen J D, etal. The Trend of the Gini Coefficient of China, [R]. BWPI Working Paper, 2010: 109.

② 说明：本章采用的是跨度为1994—2012年的时间序列数据。

他认为，处于发展早期阶段的发展中国家比处于发展后期阶段的发达国家有更高的收入不平等，表现在图形上形成一条先向上弯曲后向下弯曲类似颠倒的“U”形曲线（如图3-2所示）。

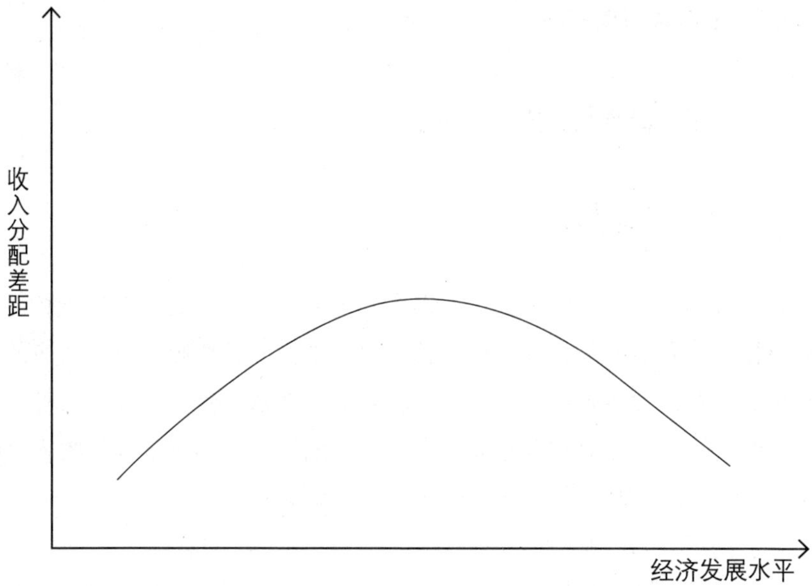

图3-2　库兹涅茨曲线

部分学者利用相关国家的时间序列数据对倒U假说进行了纵向检验，如Fishlow（1972）利用发展中国家时间序列数据，结果支持倒U假设的前半部分；Ram（1991）利用1947—1988年美国时间序列数据，结果拒绝倒U假说；Nielson和Alderson（1997）对1929—1992 年美国家庭收入不平等数据进行了研究，没有发现倒U曲线形式，反而发现正U曲线拟合效果较好；Acemoglu（2002）发现拉丁美洲和亚洲一些国家的经济发展历史并不支持倒U假说。部分学者利用多个国家的截面或面板数据进行了横向检验，如Adelman和Morris（1973）、Paukert（1973）、Ahluwalia（1976）、Braulke（1983）、Barro（2000、2001）和Chambers（2007） 等检验的结果均支持倒U假说。国内王小鲁、樊纲（2005）则发现收入差距的变动并不是无条件地随着人均GDP 水平的逐步提高而先升后降。研究表明，利用时间序列数据检验的结果大多数拒绝倒U假说；利用多国截面或面板数据检验的结果绝大多数支持倒U假说[①]。尽管国内外相关文献没有就经济发展水平与收入差距之间的倒U关系

① 许冰，章上峰．经济增长与收入分配不平等的倒U型多拐点测度研究[J]．数量经济技术经济研究，2010(2).

达成一致意见，但却一致认为它们之间确实存在密切关联。因此，本书借鉴现有文献的成果将经济发展水平作为重要的控制变量。经济发展水平指标既有直接性的GDP总额和人均GDP指标，又有间接性的经济增长率等指标，本书选择人均GDP作为经济发展水平的代理变量。人均GDP的数据来源于《中国统计年鉴》，并按照价格指数做相应的平减。

（2）民生支出水平。按照学界和实务界的一般认识，民生支出大致包括教育、医疗和社会保障等内容，它们对于实现起点公平、提升底层民众的竞争能力及未来的收入水平具有非常重要的作用；故而民生支出水平的提高，将在一定程度上缓解收入分配的差距，这也是我国近年来增加民生支出的重要理论依据。但是，我国的教育、医疗设施主要集中在城市，农村居民享受高质量教育和医疗设施的机会相对于城镇居民而言要小得多；社会保障覆盖的对象主要是城镇居民，农村居民享受社会保障的面相对较窄且待遇偏低。因此，民生支出水平的提高，反而在一定程度上可能导致城乡居民收入差距的扩大，并进而导致居民收入差距的扩大。学界的研究也在一定程度上证实了上述看法。比如，魏蔚和贾亚男（2014）[①]认为，公共教育支出促进人力资本的积累，提高低收入者的生产能力及收入获取能力，减少贫困人口，缩小收入差距；社会保障则主要通过转移支付帮助弱势群体，在一定程度上缓解市场的初次分配不公，实现社会公平；政府的医疗卫生投入则能够减少农民以及城市无工作者看病费用，节约人们手中的可支配收入，并可提高城乡居民的身体素质及劳动能力，从而能够缩小收入差距。但是，冉光和和潘辉（2009）[②]的研究表明，政府公共支出拉大了全国居民收入分配、城乡居民收入分配和东西部地区居民收入分配的差距，其收入分配调节的职能并没有得到很好地发挥和应用。杨春玲和陈炜雅（2012）[③]的研究表明，教育支出使得城乡居民收入差距显著拉大，而医疗卫生支出和社会保障支出对缩小城乡居民收入差距有积极作用。孔甜（2015）[④]的研究则表明，从全国层面上看，教育支出、医疗卫生支出、社会保障和就业支出都能够显著缩小城乡居民收入差距；但上述民生支出在不同区域间的表现并不完全相同，有的会缩小差

① 魏蔚，贾亚男．民生支出对收入分配的调节机制[J]．经济论坛，2014（7）．

② 冉光和，潘辉．政府公共支出的收入分配效应研究——基于VAR模型的检验[J]．重庆大学学报（社会科学版），2009（2）．

③ 杨春玲，陈炜雅．民生支出对缩小城乡居民收入差距的效应分析：以浙江为例[J]．财经论丛，2012（5）．

④ 孔甜．财政民生支出与收入分配差距探究——基于我国省级面板数据的实证分析[J]．中外企业家，2015（4）．

距，而有的会扩大差距。总体来看，民生支出水平对居民收入差距是有一定影响的，故本书将其选为控制变量，由民生支出占GDP的比重表示。民生支出的内容包括教育支出、社会保障支出和医疗卫生支出，数据仅包括财政性支出而不包括其他来源的支出。民生支出的数据由《中国统计年鉴》相关数据整理而得。

（3）宏观税收负担。通常，税收制度是影响一国居民收入分配差距的重要因素，而税收制度影响居民收入分配的途径主要有三个方面：一是国家的宏观税收负担；二是税收制度的内部结构或税制结构；三是整个税收制度的累进性或累退性。本书将宏观税收负担作为模型的控制变量，而将税制结构作为解释变量，暂未从税收制度累进性或累退性的角度分析税收制度对居民收入分配的影响。

3.5.2.3 解释变量

关于税制结构，学界一般根据税负转嫁的难易程度将其分为直接税和间接税，但是“难易”程度本身并不容易掌握，而且从长期来看，所有的税负都是能够转嫁的。更何况，像印花税、筵席税、固定资产投资方向调节税等税种无论是归入直接税还是间接税都不甚妥当。为此，本书借鉴经济合作与发展组织（OECD）和国际货币基金组织（IMF）的分类方法，将现有税收分为货劳税、所得税、财产税和其他税。本书将首先考察四大税系对收入分配差距的影响；其次考察主要税种对收入分配差距的影响，包括增值税、营业税、消费税、企业所得税和个人所得税等。其中，主要税系和税种对收入分配差距的影响将以其税收收入占GDP的比重作为代理变量，即将宏观税收负担进行分解。相关数据由《中国税务年鉴》和《中国统计年鉴》中的数据计算而得出（具体变量设定见表3-3）。

表3-3　　　　　　　　　　变量设定

类型	名称	符号	变量设定
被解释变量	基尼系数	*Gini*（Gini Coefficient）	
控制变量	人均GDP	*GDP*（Per Capita GDP）	全国人均GDP
	民生支出	*PLE*（People’s Livelihood Expenditure）	民生支出占GDP的比重
	宏观税收负担	*TBR*（Tax Burden Rate）	税收总收入占GDP的比重
解释变量	货劳税	*GST*（Goods and Services Tax）	货劳税收入占GDP的比重
	所得税	*IT*（Income Tax）	所得税收入占GDP的比重
	财产税	*PT*（Property Tax）	财产税收入占GDP的比重
	其他税	*OT*（Other Tax）	其他税收入占GDP的比重
	增值税	*VAT*（Value-added Tax）	增值税收入占GDP的比重
	营业税	*BT*（Business Tax）	营业税收入占GDP的比重
	消费税	*CT*（Consumer Tax）	消费税收入占GDP的比重
	企业所得税	*EIT*（Enterprise Income Tax）	企业所得税收入占GDP的比重
	个人所得税	*IIT*（Individual Income Tax）	个人所得税收入占GDP的比重

3.5.3 实证效果及分析

3.5.3.1 控制变量对收入分配差距的影响

模型的回归结果见表3-4，模型1反映了经济发展水平、民生支出与宏观税收负担等控制变量对收入分配差距的影响，其调整的R^2达到了0.931，F值为81.883，说明模型具有较强的解释力。其中，宏观税收负担的系数为正，且在5%的水平上通过显著性检验，说明我国的税收制度整体上对收入分配具有负面影响，或者说税收制度总体上具有累退性，不利于缩小收入分配差距。

表3-4　　数据回归结果

模型变量	1	2	3	4	5	6	7
C	5.050473*** (13.42837)	4.944131*** (12.40852)	5.425992*** (14.52435)	4.961761*** (7.769728)	5.367166*** (10.38569)	3.588175*** (9.342945)	5.66989*** (14.81613)
ln*GDP*	−0.210777*** (−4.517059)	−0.192549** (−4.056561)	−0.224438*** (−5.003406)	−0.198140** (−2.845551)	−0.222670*** (−3.542932)	−0.020269 (−0.444080)	−0.251249*** (−5.483397)
ln*PLE*	0.154325*** (4.548093)	0.170176** (4.396281)	0.139803*** (5.284493)	0.312245*** (8.518789)	0.240908*** (10.40771)	0.198032*** (7.344664)	0.141551*** (4.494626)
ln*TBR*	0.128268** (2.611845)						
ln*GST*		0.115218** (2.237893)					
ln*IT*			0.092509*** (3.880961)				
ln*PT*				−0.105017 (−1.634436)			
ln*OT*					−0.011855 (−1.264180)		
ln*VAT*						0.139111*** (4.415273)	
ln*BT*						−0.187652*** (−4.499046)	
ln*CT*						−0.028612* (−1.853276)	

续表

模型变量	1	2	3	4	5	6	7
ln*E*/*T*							0.106993*** (4.591175)
ln*I*/*T*							0.002809 (0.315280)
Adjust R^2	0.930942	0.927280	0.946404	0.927289	0.924057	0.964519	0.950277
F-statistic	81.88309	77.50802	106.9495	77.51875	74.00651	98.86224	87.00165

说明：***表明*P*值小于1%；**表明*P*值处于1%~5%之间；*表明*P*值处于5%~10%之间。本表的*t*值采用HAC稳健标准误检验。

在模型1～7中，人均GDP指标的系数全部为负，除模型6之外均能在5%的水平之上通过显著性检验，说明人均GDP的上升能够降低基尼系数，减少居民收入分配的差距，即经济发展水平越高，收入分配差距越小；但本书利用人均GDP平方项所做的回归模型没有得到一致性的结论，并不能证明倒U曲线确实存在。

在模型1～7中，民生支出的系数全部为正，且均能在5%的水平之上通过显著性检验，说明我国的民生支出尚未达到相应的政策目标，其可能的原因在于，富裕群体更容易获得民生支出所带来的相关效益，而低收入群体则获益较少；另一个可能的原因是由于我国典型的城乡二元财政体制导致了农村居民获得的民生支出收益相对较少，而城乡收入差距是全国居民收入差距的主要组成部分，从而使民生支出未能降低城乡居民的收入差距。

3.5.3.2 税制结构对收入分配差距的影响

为了考察税制结构对收入分配差距的影响，本书对税收制度进行了分解，分别考察各税系与主要税种对收入分配差距的影响。同时，本书借鉴Arnold（2008）①，刘海庆和高凌江（2011）②的研究方法，在估计方程的税收变量参数中，一次忽略一种或多种税收变量，从而估计剩余税收变量对基尼系数的影响效果。该方法假定，那些被忽略的变量与本模型没有相关关系，或者说被忽略的税系（税种）在残差中得以体现；每一种税系（税种）比重的下降(或上升)都用另一种或多种税收比重的上升(或下降)来弥补而税收总额保持恒定。使用这种估计方法可简便地估算出每一种税的单位量改变对居民收入分配差距的影响。

在模型2～5中，货劳税的系数为正，且在5%的显著性水平上通过检验，表明我国的货劳税对收入分配具有负面影响，即存在较强的累退性，符合货劳税的基本性质。所得税系的系数为正，且在1%的水平上通过显著性检验，表明所得税上升会加大居民收入分配的差距，虽与所得税降低收入分配差距的理论分析相悖，但却与学界的实证分析结果大体吻合，即我国的所得税尚不具备较强的收入分配功能。财产税的系数为负，表明我国的财产税

① Arnold, J. Do Tax Structures Affect Aggregate Economic Growth? Empirical Evidence from a Panel of OECD Countries[R]. Paris: OECD Economics Department, 2008(51).

② 刘海庆，高凌江. 税制结构与经济增长关系的实证研究[J]. 东北大学学报（社会科学版），2011(6).

能够在一定程度上降低收入分配差距，但不能通过显著性检验。其他税的系数为负，也无法通过统计学上的显著性检验。总体而言，我国的货劳税和所得税对收入分配差距具有逆向调节作用，且均通过了统计学上的显著性检验；财产税和其他税对收入分配具有正向的调节作用，但统计上并不显著。各税系对收入分配差距的影响结果进一步佐证了模型1中宏观税收负担对收入分配差距的负面影响效果，即我国的税收制度整体上讲缺乏对收入分配调节的效果。

模型6反映了货劳税系各主要税种的影响，其中，增值税的系数为正，且在1%的水平上通过显著性检验，表明我国的增值税具有较为明显的累退性；营业税和消费税的系数为负，分别在1%和10%的水平上通过显著性检验，表明其对收入分配差距具有一定的调节作用。模型7反映了所得税系各主要税种的影响，其中，企业所得税和个人所得税的系数均为正，与所得税系的符号是一致的；企业所得税的系数为0.107，个人所得税的系数为0.003，且前者能够在1%的水平上通过显著性检验，而后者则无法通过显著性检验。

3.5.3.3 研究结论

从实证结果来看，我国以货劳税为主的非均衡性税制结构确实不利于收入分配差距的缩小。宏观税负每上升1个百分点，基尼系数将上升0.128个百分点；货劳税负担每上升1个百分点，基尼系数则上升0.115个百分点；所得税负担每上升1个百分点，基尼系数会上升0.093个百分点；财产税负担每上升1个百分点，基尼系数会下降0.105个百分点，虽力量微薄但呈正相关；其他税占比每上升1个百分点，基尼系数会下降0.012个百分点，但后两者在统计上并不显著。要说明的是，所得税的系数为正，但其系数小于货劳税，表明所得税虽然未能缩小居民间的收入分配差距，但在扩大居民收入分配差距方面的作用却小于货劳税，因此仍然值得进一步提高其比重。

就货劳税的内部税种来看，增值税对收入分配差距的影响为正，营业税对收入分配差距的影响为负，因而在我国全面推进营改增的背景下可考虑逐步降低增值税的税率，从而降低其对收入分配的负面影响。消费税对收入分配差距具有负向的影响，但系数仅为-0.029，说明消费税降低收入差距的功能尚未有效发挥出来；由此，可考虑进一步扩大消费税的征税范围，调整相关奢侈品及高污染高耗能产品的税负率，进一步提高其缩小收入分配差距的能力。

就所得税而言，若企业所得税和个人所得税均无法缩小收入分配差距，则表明所得税制度的设计存在问题。如果说企业所得税不能直接影响收入分配，那么个人所得税应该在一定程度上具有调节收入分配的功能，但实证结果却表明事与愿违。其原因在于：分类征收的个人所得税制度不能全面衡量纳税人的真实纳税能力，也不利于拓宽税基，源泉扣缴与自行申报的征管方式易造成税收流失，税基过窄、税率过小等因素导致再分配效果不明显。因此加快个人所得税制度改革，逐步建立分类与综合相结合的制度，提升纳税人申报的透明度和积极性势在必行。

就上述实证结果而言，我国现行的非均衡性税制结构并不利于居民收入分配差距的缩小，故而尚需进行较为全面的改革。改革的方向，一是要逐步降低货劳税的占比，特别是在营改增的背景下逐步降低增值税的税率，并扩大消费税的征税范围及影响力；二是要完善所得税制度，重点是实行分类与综合相结合的个人所得税制度，逐步提高个人所得税在税收收入中的比重，扩大个人所得税对高收入阶层的影响；三是要完善财产税制度，进一步提高财产税在税收收入中的比重。

4. 税制结构与要素收入分配

4.1 相关文献回顾

4.1.1 要素收入分配与居民收入分配的文献回顾

关于收入分配的研究，学界主要从两个方面进行，一是居民收入分配，二是要素收入分配。居民收入分配主要研究国民收入在不同居民之间的收入分配状况，是从收入分配结果的角度研究居民最终获得的收入在社会总收入中的份额及变动情况或趋势；要素收入分配在相关文献中又称为国民收入的功能性分配，主要研究要素所有者的投入与其所得收入之间的关系，是从收入来源的角度研究国民收入在劳动力、资本和土地等要素上的分配情况。要素收入分配的概念最早由Ricardo（1821）在《政治经济学及赋税原理》中提出，随后古典经济学家、马克思主义经济学家对其进行了广泛的研究。

长期以来，凯恩斯主义坚持认为要素收入分配比重保持不变是一个“典型经济事实”。Kaldor（1961）[①]甚至指出，“要素收入份额在历史上保持常数是一个事实，任何一个关于要素分配的模型都必须解释要素分配份额是常数这个历史事实”。因此，“二战”以后的很长一段时间，要素收入分配问题都被忽略了。但自20世纪80年代起，开始有学者对要素收入份额保持恒定提出质疑，他们认为不同国家要素收入份额的变化趋势并不相同。Poterba

① Kaldor, N. Capital Accumulation and Economic Growth[M]. MacMillan, 1961.

（1997）[①]的研究发现，20世纪80年代至90年代法国、德国和意大利的劳动收入份额呈现下降趋势，而英国、美国和加拿大却没有明显变化；Blanchard（1997）[②]发现，自20世纪80年代开始，西班牙、意大利、法国和德国等国的资本收入份额呈现增长趋势；Hofman（2001）[③]通过实证研究发现，拉美国家劳动收入份额在1950—2000年间不断下降。在此基础上，新古典经济学家建立了要素收入分配理论，将有偏技术进步、市场垄断和劳动力市场不完善作为影响因素，引入到要素收入分配的决定模型中。

由于劳动力、资本和土地分属于不同的群体，由其带来的劳动收入、资本收入和地租等要素收入也会属于不同的居民，故而要素收入分配会对居民收入分配产生重要的影响。比如，Atkinson（2000）[④]指出，高收入群体的主要收入来源于财产性收入或资本性收入，而低收入群体的主要收入则来源于劳动收入，故增加劳动收入能够在一定程度上缩小居民收入差距。Daudey和García-Peñalosa（2007）[⑤]发现，劳动分配份额越高的国家，居民收入分配的不平等程度也越低。Giovannoni（2010）[⑥]发现，要素收入分配与个人收入差距之间存在明显的联系，在其研究的全部25个国家中有17个国家同步观察到了劳动收入份额的减少与居民收入不平等的上升。李实和赵人伟（2007）[⑦]指出，资本与劳动收益的失衡会导致居民收入差距扩大；郭庆旺和吕冰洋（2012）[⑧]的研究表明，劳动收入不平等的程度一般大大低于资本收入不平等的程度，要素收入分配向劳动倾斜将有助于缩小居民收入分配差距。

由此可见，要素收入分配与居民收入分配之间存在较为密切的联系，研究税制结构对居民收入分配的影响，不能回避税制结构对要素收入分配的影响；或者说，税制结构通过影响要素收入分配间接影响居民收入分配。

---

① Poterba, J. The Rate of Return to Corporate Capital and Factor Shares: New Estimates Using Revised National Income Accounts and Capital Stock Data[R]. NBER Working Paper, 1997, 6263: 9-22.

② Blanchard, O. J. The Medium Run[J]. Brookings Papers on Economic Activity, 1997(2): 89-158.

③ Hofman, Antre A. Economic Growth, Factor Shares and Income Distribution in Latin American in the Twentieth Century[R]. Working Paper, 2001.

④ Atkinson, Anthony B. The Changing Distribution of Income: Evidence and Explanations[J]. German Economics Review, 2000, 1(1).

⑤ Daudey, Emilie & Cecilia García-Peñalosa. The Personal and the Factor Distributions of Income in a Cross-Section of Countries[J]. Journal of Development Studies, 2007(5).

⑥ Giovannoni, O. Functional Distribution of Income, Inequality and the Incidence of Poverty: Stylized Facts and Role of Macroeconomic Policy[R]. The University of Texas Inequality Project, Working Paper, 2010(58).

⑦ 李实，赵人伟. 市场化改革与收入差距扩大[J]. 洪范评论，2007(3).

⑧ 郭庆旺，吕冰洋. 论要素收入分配对居民收入分配的影响[J]. 中国社会科学，2012(12).

4.1.2 税制结构与要素收入分配的文献回顾

国外学者较早研究了税制结构影响要素收入分配的机制和效果。Deran（1967）[①]分析了社会保障税对要素收入分配的影响，指出社会保障税的税负易于转嫁给雇主，故而开征社会保障税会减少资本分配份额。Haufler, et al.（2009）[②]认为，经济一体化趋势将使公司税税率降低、工资税税率提高，从而导致资本分配份额上升而劳动分配份额下降。国际货币基金组织（2007）[③]的研究发现，个人所得税对劳动分配份额具有负向影响。Lane（1998）[④]的研究表明，个人所得税会导致居民税前劳动收入大幅下降，但税后劳动收入未出现明显的下降；Felix Kubler（2007）[⑤]认为，公司所得税率的上升会使劳动者工资性收入下降。De Mooij和Nicodème（2007）[⑥]研究了20世纪90年代早期欧洲降低公司所得税率的政策，发现政策的实施使得公司税占GDP的比重增加了，最终提高了税前资本分配的份额。Jorgenson和Yun（1986）[⑦]构造的CGE模型分析了税收政策对资本收入份额的影响。总的来说，国外学者重点分析了公司所得税、个人所得税、社会保障税等对资本收入份额和劳动收入份额的影响，建立了相应的分析框架，并提出了一些对策建议。

近年来，国内学者也加强了对税制结构与要素收入分配关系的研究。比如，李绍荣和耿莹（2005）[⑧]的研究发现，税收制度会对社会的专业化和劳动分工的程度产生影响，从而影响生产要素的产出弹性，进而影响要素收入分配；流转税、所得税、资源税和财产税比重的增加会扩大资本要素和劳动要素收入的分配差距，而特定目的税和行为税比重的增加则会缩小资本要素与劳动

---

① Deran, E. Changes in Factor Income Shares under the Social Security Tax[J]. Review of Economics and Statistics, 1967, 49(4).

② Haufler, Andreas & Klemm, Alexander & Guttorm Schjelderup. Economic Integration and the Relationship between Profit and Wage Taxes[J]. Public Choice, 2009, 138(3):423-446

③ IMF. The Globalization of Labor in World Economic Outlook: Spilloovers and Cycles in the Global Economic[R]. IMF Working Paper, 2007.

④ Lane, P. R. Profits and Wages in Ireland, 1987-1996[J]. Journal of the Statistical and Social Inquiry Society of Ireland, 1998, 28(5).

⑤ Felix Kubler, Approximate Generalizations and Computational Experiments[J]. Econometrica, 2007, 75(4).

⑥ Mooij, Ruud A. De & Gäetan Nicodème. Corporate Tax Policy, Entrepreneurship and Incorporation in the EU[J]. European Economy-Economic Papers, 2007, 269.

⑦ Jorgenson, D. & Kun-Young Yun. The Efficiency of Capital Allocation[J]. Scandinavian Journal of Economics, 1986, 88:85-107.

⑧ 李绍荣，耿莹. 中国的税收结构、经济增长与收入分配[J]. 经济研究，2005(5).

要素的收入分配差距。郭庆旺和吕冰洋(2011)[①]认为，税收可以通过替代效应和收入效应影响要素收入分配；企业所得税会降低资本分配份额，而个人所得税则会降低劳动分配份额；增值税降低劳动分配份额但对资本分配份额的影响不明显，而营业税会明显降低资本分配份额但对劳动分配份额的影响不明显。刘润芳和杨建飞（2011）[②]的研究发现，过高的生产税负担容易转嫁给普通居民，使得劳动要素收入不断下降，因而主张降低企业的生产税负担以提高劳动要素收入比重。李渊（2012）[③]认为，要提高劳动要素收入份额，应该降低间接税比重，增大直接税占比。李文溥、谢攀和刘榆（2012）[④]构建了税负在不同要素所有者之间归宿的理论模型，研究了我国企业所得税中两税合并对劳动要素收入的影响，认为两税合并降低了劳动要素对企业所得税的实际负担。席玮（2012）[⑤]通过实证测算了1995—2010年要素收入的有效税负，认为间接税对居民消费具有转嫁作用，由增值税导致的重复征税现象是劳动与资本有效税率上升的重要原因。殷金朋（2013）[⑥]分析了税收调节要素收入分配的原理，发现增值税、营业税和消费税有利于提高劳动要素初次分配份额并降低资本要素收入初次分配份额，个人所得税有利于降低劳动要素收入再分配份额，企业所得税有利于提高资本要素收入再分配份额但其作用值较小。

总体来看，国内外学者已经就税制结构与要素收入分配之间的关系进行了一定程度的研究，初步厘清了税制结构作用于要素收入分配的机理，本书将在此基础上进一步探讨税制结构对劳动收入份额和资本收入份额的影响能力。

4.2 税制结构对要素收入分配的影响机理[⑦]

4.2.1 理论模型

在所有分析税制结构对要素收入分配影响的相关文献中，郭庆旺和吕冰

① 郭庆旺，吕冰洋．论税收对要素收入分配的影响[J]．经济研究，2011(6)．
② 刘润芳，杨建飞．我国居民收入份额下降的原因分析及对策建议——基于1992—2008年资金流量表数据分析[J]．西安财经学院学报，2011(5)．
③ 李渊．税收调节初次分配的路径选择[J]．河北经贸大学学报，2012(3)．
④ 李文溥，谢攀，刘榆．两税合并的要素收入份额影响研究[J]．南开经济研究，2012(1)．
⑤ 席玮．基于间接税转嫁的中国要素收入有效税负测算[J]．统计研究，2012(11)．
⑥ 殷金朋．税收调节要素收入分配研究[D]．内蒙古财经大学，2013．
⑦ 本部分主要内容来源于郭庆旺、吕冰洋（2011）并稍有整理和补充。

洋（2011）所做的分析最为深入，故本书沿用其分析框架探讨税制结构对要素收入分配的影响机制。

郭庆旺和吕冰洋（2011）假定政府课征四类税收，即收入税τ_y、消费税τ_c、资本所得税τ_r、劳动所得税τ_w。其中，收入税是对生产企业的产出征税，消费税是对家庭消费行为征税，资本所得税是对资本收益征税，劳动所得税是对劳动所得征税。税收等式可写为：

$$T=\tau_y\theta f(k,l)+\tau_w wl+\tau_r rk+\tau_c c \quad (4\text{–}1)$$

式中：T——人均税收负担；

k——人均资本；

l——人均劳动时间；

r——资本平均收益率；

w——平均工资比率；

$f(k,l)$——人均产出；

c——人均消费；

θ——对产出征税的范围，且$0<\theta\leqslant 1$。

假定经济是由连续同质且具有无限寿命的家庭组成，每个家庭只有1个个体，且无人口增长；家庭有l单位时间可用于休闲或劳动。家庭的效用来自消费和休闲，家庭对消费和休闲的选择受自身财富的约束，其函数表现为：

$$U(c,l)=\ln(c-l) \quad (4\text{–}2)$$

家庭的目标为：

$$\max\int_0^{\infty}e^{-\rho t}\ln(c-l)dt \quad (4\text{–}3)$$

家庭的预算约束方程式是：

$$\dot{k}=wl+rk-\tau_w\cdot wl-\tau_r\cdot rk-\tau_c\cdot c-c \quad (4\text{–}4)$$

因为征收收入税，企业的税后收入变为（$1-\tau_y\theta$）f，企业目标为：

$$\max(1-\tau_y\theta)f-wl-rk \quad (4\text{–}5)$$

假设企业的生产函数为$f(k,l)=Ak^{\alpha}l^{1-\alpha}$，生产函数对于私人要素投入满足不变规模报酬，企业的竞争性利润为零。根据一阶条件，均衡时的资本平均收益率和工资率为：

$$r=(1-\tau_y\theta)\alpha Ak^{\alpha}l^{1-\alpha} \quad (4\text{–}6)$$

$$w=(1-\tau_y\theta)(1-\alpha)Ak^{\alpha}l^{1-\alpha} \quad (4\text{–}7)$$

通过构造如下现值汉密尔顿系统来求解。

$$H=\ln(c-l)+\lambda[(1-\tau_w)wl+(1-\tau_r)rk-(1+\tau_c)c] \quad (4-8)$$

得到一阶条件

$$1/(c-l)-\lambda(1+\tau_c)=0 \quad (4-9)$$

$$-1/(c-l)+\lambda(1-\tau_w)w=0 \quad (4-10)$$

欧拉方程为

$$\dot{\lambda}=p\lambda-\lambda(1-\tau_r)r \quad (4-11)$$

横截性条件为

$$\lim_{t\to\infty}k\lambda e^{-pt}\to 0$$

由式（4–9）和式（4–10）可得

$$c=\frac{1}{(1+\tau_c)\lambda}+l \quad (4-12)$$

$$w=(1+\tau_c)/(1-\tau_w) \quad (4-13)$$

把式（4–12）和式（4–13）代入式（4）可得如下资本积累方程

$$\dot{k}=r(1-\tau_r)k-1/\lambda \quad (4-14)$$

联立式（4–12）和式（4–14）可得

$$\frac{1}{k\lambda}\frac{d(k\lambda)}{dt}=\rho-\frac{1}{k\lambda} \quad (4-15)$$

求解式（4–15）可得

$$k\lambda=1/\rho \quad (4-16)$$

联立式(4–7)和式(4–13)可得均衡时的劳动供给

$$l=\left[\frac{A(1-\alpha)(1-\tau_w)(1-\psi_y\theta)}{1+\tau_{10}}\right]^{\frac{1}{\alpha}}k \quad (4-17)$$

将式（4–17）代入式（4–6）中得到均衡时的资本平均收益率

$$r=A\alpha(1-\tau_y\theta)\left[\frac{A(1-\alpha)(1-\tau_w)(1-\tau_y\theta)}{1+\tau_c}\right]^{\frac{1-\alpha}{\alpha}} \quad (4-18)$$

比较式（4–13）和式（4–18）可知，税收对税前劳动收益率和税前资本收益率均产生影响：征收消费税和劳动所得税使得税前劳动收益率提高，征收收入税、劳动所得税和消费税使得税前资本收益率降低。其原因在于，税前要素收益率与生产中要素的相对投入有关：根据新古典生产函数的一般假定，要素投入增加（减少）会导致要素边际产出下降（上升），由此导致税前要素收益率下降（上升）。根据式（4–17）可知，税收改变了经济中劳动和资本两种要素的投入比例，即改变了劳均资本比（k/l）。因此，劳动所得税、消费税的引入使得劳动资本比提高，导致税前劳动收益率上升和税前资本收益率下降；收入税的引入使得税前资本收益率下降，但对税前劳动收益率没有影响，原因在于征收收入税使得劳动收益率下降程度与劳均资本上升导致的劳动收益率上升程度正好抵消。

由此可见，要素收入分配格局的变动与税收密切相关，且税收对要素收入分配影响的机理比较复杂。其中，直接税和间接税均能改变要素相对投入比例，从而改变税前要素收益率，可称为税收的要素替代效应；直接税一般对税前要素收益征税，从而改变税后要素收益率，可称为税收的要素收入效应。由此可进一步求得劳动分配份额S_l与资本分配份额S_k的表达式：

$$S_l=(1-\tau_w)wl/f(k,l)=(1-\alpha)(1-\tau_w)(1-\tau_y\theta) \tag{4–19}$$

$$S_k=(1-\tau_r)rk/f(k,l)=\alpha(1-\tau_r)(1-\tau_y\theta) \tag{4–20}$$

从式（4–19）、式（4–20）可以看出，劳动所得税导致劳动分配份额下降，资本所得税导致资本分配份额下降，而收入税则导致劳动分配份额和资本分配份额同时降低，降低的幅度与征税范围、要素产出弹性正相关。而消费税不影响资本和劳动分配份额，是因为消费税只在要素所有者取得要素收入后进行消费时才课征，仅影响消费行为而不影响要素收入分配。

4.2.2 货劳税系的要素收入分配效应

按照我国的现行税收体系，货劳税主要包括增值税、营业税、消费税及诸多小税种，在此仅分析增值税、营业税和消费税的要素收入分配效应。

4.2.2.1 增值税的要素收入分配效应

就增值税而言，其可以分为生产型增值税、收入型增值税和消费型增值税。其中，生产型增值税以销售收入减除中间性产品价值的余额为课税增值额，其税基相当于国民生产总值；收入型增值税以销售收入减除投入生产的中间性产品价值和固定资产的折旧额为课税增值额，其税基相当于国民收入；消费型增值税以销售收入减除投入生产的中间性产品价值和同期购入的固定资产全部价值为课税增值额，其税基相当于全部消费品的价值。我国在1994—2008年间实行的是生产型增值税，期间采取了一系列允许扩大设备资产抵扣范围的政策，并于2009年实行了消费型增值税，允许对新购设备资产所含增值税进行全面抵扣。增值税固定资产抵扣范围的扩大，意味着对产出的征税范围逐步缩小。增值税抵扣范围的扩大在理论模型中表现为θ减小；而在商品进入零售环节时，增值税则体现为τ_c。增值税对资本要素收入和劳动要素收入的影响程度主要取决于其税负主要由资本要素还是由劳动要素承担。我国增值税属于价外税，实行层层抵扣的征税办法，在税制设计上有利于税负转嫁。而理论分析表明，税负转嫁的程度主要依赖于供求弹性的相对大小：商品的需求弹性相对供给弹性小，则税负易于向消费者转嫁；商品的需求弹性相对供给弹性大，则税负主要转嫁给生产厂商及批发商。从增值税的征税对象看，居民生活需要的商品大部分均在其覆盖范围之内，商品需求弹性较低，容易发生税负的前转；从另外一个角度讲，虽然增值税对生活必需品之外的资本品也会征税，但资本品属于中间产品，其税负必然通过相关通道转嫁给生活品，短期内其转嫁的程度取决于资本品的供求弹性，但长期来看必然需要维持与其他商品生产持平的收益率，故而必然向生活品转嫁。由此可见，在居民收入来源以劳动要素收入为主的背景下，增值税的征税主要是面向劳动要素的，其对劳动要素收入分配的影响要大于对资本要素收入分配的影响。

4.2.2.2 营业税的要素收入分配效应

营业税是一种价内税，主要是对劳务服务征税，其计税依据是提供服务所取得的营业额，故而属于收入税τ_y的范畴。营业税对要素收入分配产生的影响主要体现在要素替代效应上。国外税收文献一般将营业税作为资本要素征税（Hall和Jorgenson，1967；Engel et al，1999），而国内对税收负担的分析也普遍将营业税视为对资本要素课税（刘溶仓和马拴友，2002；刘初旺，2004），故从理论上讲营业税的征收可能直接降低资本分配份额。实际上，营业税对建筑业、交通运输业、邮政通信业、金融保险业、文化体育业、娱乐业、服务业、转让无形资产、销售不动产9个税目征税，尽管大部分税目均不直接面对普通消费者，但按照税负转嫁的基本理论其必然通过各种渠道转嫁给普通消费者，故而其在短期内属于对资本要素征税，但在长期来看仍然属于对劳动要素征税，因此其对资本要素收入份额和劳动要素收入份额的影响不是很明确[①]。

4.2.2.3 消费税的要素收入分配效应

1994年税制改革时，我国在对一般商品普遍征收增值税的基础上，选择部分商品在生产环节再征一道消费税以调节生产和消费。消费税属于选择性商品税，它仅对增值税货物范围内的15个特定税目征收。消费税一般选择生产环节征税，故而具有资本要素税的特征；而消费税对珠宝玉石和贵重首饰在零售环节征税，但珠宝玉石和贵重首饰的消费者大多具有较高的收入，其收入更多来源于资本性收入，故而我国消费税具有资本要素税的特征，更容易对资本要素收入分配产生较大的影响。

4.2.3 所得税系的要素收入分配效应

4.2.3.1 个人所得税的要素收入分配效应

我国的个人所得税对11个税目的所得征税，其来源复杂多样，兼具劳动所得和资本所得的性质。比如，工资薪金所得、个体工商户生产经营所得、劳务报酬所得、稿酬所得等均属于劳动性质的所得，而财产转让所得、财产租赁所得、利息股息红利所得等则属于资本性质的所得，故而个人所得税兼有对资本和劳动课税的性质。按照要素替代效应和收入效应的分析框架，个人所得税对资本征税部分将导致资本分配份额下降和劳动分配份额上升，而对劳动征税部分则会产生相反的效果。就现实情况来看，我国的个人所得税收入主要来源于工资薪金所得，其所占比重历年均在50%以上，故而个人所得税主要是对劳动要素的征税，将导致劳动分配份额的下降。

4.2.3.2 企业所得税的要素收入分配效应

企业所得税就企业利润总额征税，属于对资本收益所征的税，即资本要

① 尽管2016年我国已经全面推开营改增，但本书的数据大部分属于营改增之前的阶段，故而仍需对营业税的效应进行分析。

素税。从要素收入效应来看，企业所得税的征收会导致税后资本收益和权益净利率下降，从而导致资本分配份额降低。从要素替代效应来看，在开放经济条件下，为保证税后收益率基本保持不变，征收企业所得税会导致企业向投资者支付的税前资本收益率提高，从而促使企业用更多的劳动替代资本，由此导致资本分配份额下降。综合收入效应与替代效应的影响，征收企业所得税会导致资本分配份额降低。

4.2.4 财产税系的要素收入分配效应

财产的形成是收入积累和储蓄的结果，即通过劳动要素收入和资本要素收入积累和储蓄，并以购置相关财产的形式表现出来。民众购置财产的目的一般有三个：一是占有和使用；二是投资和增值；三是作为馈赠他人和遗赠后代的基础。一般而言，财产税可分为静态财产税和动态财产税，前者对占有和使用财产征税；后者对交易、馈赠和遗赠财产行为征税；而投资增值型财产的征税主要是通过所得税来实现的。因此，从理论上看财产税对劳动要素和资本要素分配的份额没有直接影响，其影响主要是通过对购置资产的收入来源的双重征税来实现的。

4.3 我国要素收入分配的基本格局

4.3.1 要素收入份额变化的总体趋势分析

按照国民生产总值的收入法核算体系，国民生产总值可以分为劳动者报酬、营业盈余、固定资产折旧和生产税净额四个部分。其中，劳动者报酬主要是劳动要素所有者的收入，而营业盈余和固定资产折旧是资本要素所有者的收入，生产税净额则是政府的收入。从简化的角度上看，劳动收入份额是指劳动者报酬占GDP的比重，而资本收入份额则是指营业盈余和固定资产折旧在GDP中的比重。由于《中国统计年鉴》国民经济统计中劳动者报酬、营业盈余、固定资产折旧和生产税净额的数据不完整，不少年份缺失，故本书选取分省GDP收入法下的数据进行加总。图4-1反映了1993—2012年我国劳动者报酬、营业盈余、固定资产折旧和生产税净额的相对变化趋势。其中，生产税净额的比重相对稳定，但在2005年之后出现了一个平稳的上升态势。资本收入份额和劳动收入份额则经历了此消彼长的波动。1993—1998年，劳动者报酬占比稳中有升；从1999年开始劳动者报酬占比明显下降，2004年降至低点并徘徊数年；从2008年起劳动者报酬占比开始出现明显回升。而资本收入（固定资产折旧和营业盈余）占比与劳动者报酬占比则呈现相反的变化趋势。

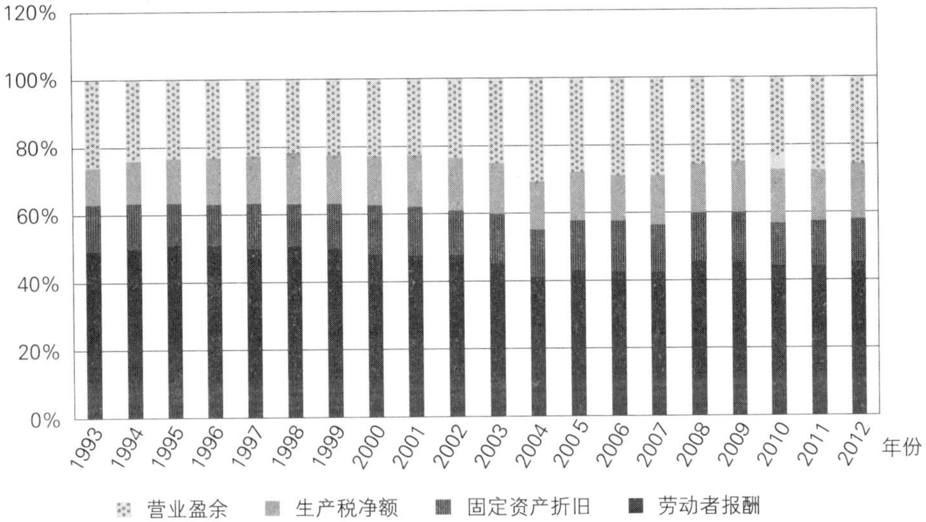

图4-1　1993—2012年国内生产总值构成的变化情况

资料来源：根据《中国国内生产总值核算历史资料（1952—2004）》和《中国统计年鉴》（2005—2013）的数据整理而来。

图4-2更加直观地反映了我国1993—2012年劳动收入份额和资本收入份额变化情况，两者呈现出相反的变化趋势，进一步说明劳动要素收入与资本要素收入之间存在明显的替代关系。

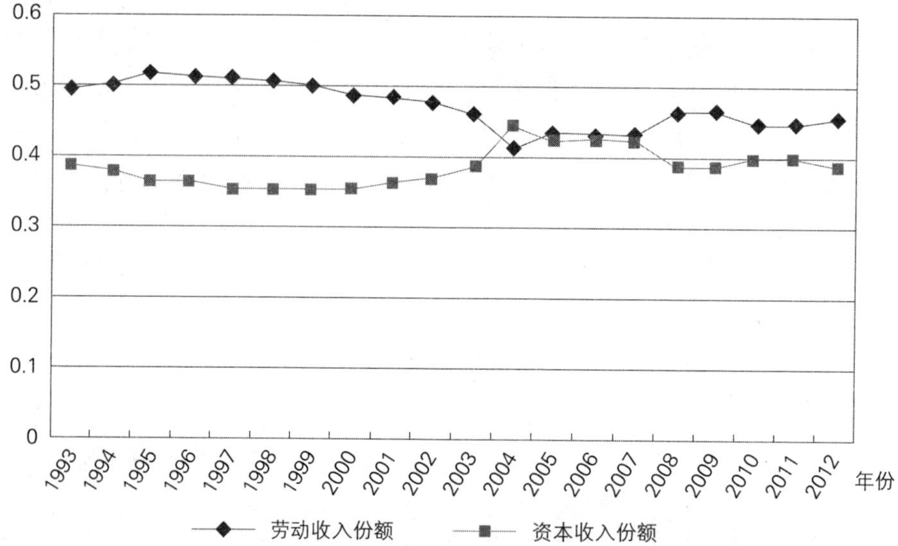

图4-2　1993—2012年我国劳动收入与资本收入份额的变化情况

4.3.2 要素收入份额变化的地区趋势分析

考虑到我国地区间发展不均衡，各地区的经济结构不尽相同，其要素分配份额存在明显差异，因此，考察中国要素收入份额变化的省际差异，对于深入了解我国要素收入分配的现状具有重要的意义。本书按惯例将我国各省、直辖市、自治区分为东部、中部和西部地区，具体的分类见表4-1。

表4-1　东、中、西部的省份构成

区域	各区域省份构成
东部地区	北京、上海、天津、河北、辽宁、江苏、浙江、福建、海南、山东、广东
中部地区	山西、吉林、黑龙江、安徽、江西、河南、湖北、湖南
西部地区	四川、重庆、贵州、广西、内蒙古、云南、陕西、青海、甘肃、宁夏、新疆、西藏

分地区来看，西部地区劳动收入份额最高，而中部地区劳动收入份额最低，东部地区劳动收入份额则居于二者之间。2004年之前，地区间劳动者收入份额差异较大，但各地区的差异基本稳定；2004年之后，地区间劳动者收

入份额的差异呈逐步缩小趋势。罗长远和张军（2009）[①]的研究也得出了类似的结论，如图4–3所示。

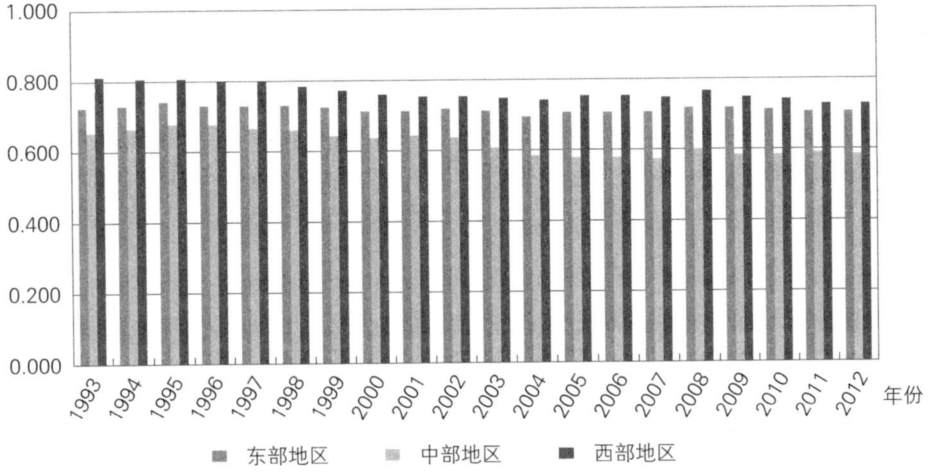

图4–3　中东西部地区劳动收入份额情况

分地区来看，西部地区的资本收入份额最低，大部分年份维持在5%以下；中部地区的份额最高，各年均维持在17%以上，2004年左右达到峰值约24%；与日常想象不同，东部地区的资本收入份额并不高，与中部地区基本维持1～3个百分点的差距。详见图4–4。

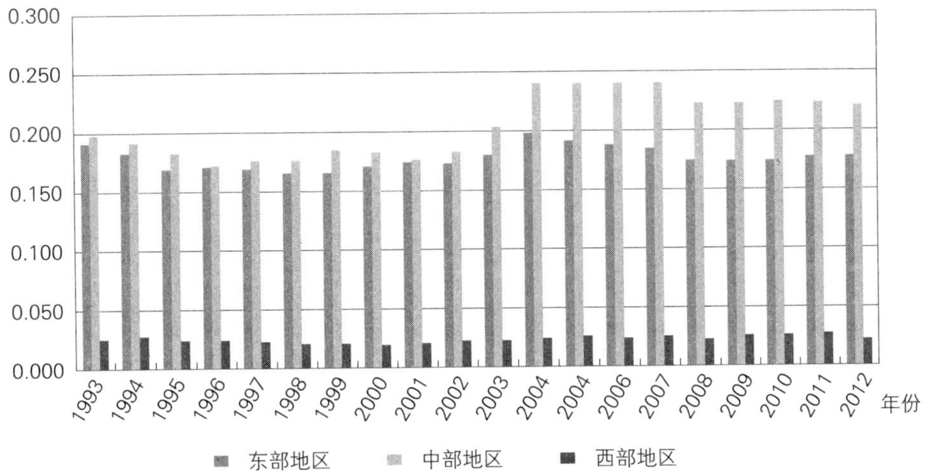

图4–4　中东西部地区资本收入份额情况

① 罗长远，张军．经济发展中的劳动收入占比：基于中国产业数据的实证研究[J]．中国社会科学，2009(4)．

4.4 实证分析

4.4.1 模型设计、变量选择与数据来源

4.4.1.1 模型设计

为了探讨税制结构对劳动收入份额和资本收入份额的影响机制及其效果，根据相关理论基础，设立计量模型：

$$\ln Rl_{i,t}=\alpha+\sum_{i=2}^{n}\beta\ln U_{j,t}+\sum_{i=2}^{n}\varphi\ln V_{i,t}+f_i+f_t+\xi_{i,t}$$
$$\ln Rk_{i,t}=\alpha+\sum_{i=2}^{n}\beta\ln U_{j,t}+\sum_{i=2}^{n}\varphi\ln V_{i,t}+f_i+f_t+\xi_{i,t} \qquad (4-21)$$

式中：$Rl_{i,t}$——劳动收入份额；

$Rk_{i,t}$——资本收入份额；

$U_{j,t}$——控制变量；

$V_{i,t}$——税制结构因素；

f_i——个体固定效应，用以捕捉地理环境等地区异质性因素的影响；

f_t——时间固定效应，用以捕捉共同冲击的影响；

ξ_{it}——误差项。

4.4.1.2 被解释变量

根据相关理论基础，本书选取国民经济核算中劳动收入份额和资本收入份额作为被解释变量。关于劳动收入份额，卓勇良（2007）①利用“人均劳动收入/人均GDP”进行估算，其他学者则采用收入法GDP和资金流量表进行计算。我国在2004年对国民生产总值的收入法核算进行了调整，将个体经济业主收入从劳动收入调整为营业盈余，将国有集体农场收入从营业盈余调整为劳动者报酬。白重恩和钱震杰（2009）②的研究发现，劳动者报酬数据调整部分占原数据的4.8%，营业盈余数据调整部分占原数据的7.2%，调整比例不高，不会对实证结果产生根本性影响。因此，本书仍用国家统计局公布的收

① 卓勇良. 关于劳动所得比重下降和资本所得上升的研究[J]. 浙江社会科学，2007(3).
② 白重恩，钱震杰. 国民收入的要素分配：统计数据背后的故事[J]. 经济研究，2009(4).

入法GDP中劳动者报酬数据来衡量劳动要素的收入份额情况，用营业盈余和固定资产折旧来衡量资本要素的收入份额。此外，郭庆旺和吕冰洋（2011）[①]认为，研究税收对要素收入分配的影响应该排除税收的影响，即劳动收入分配份额和资本收入份额均应扣除纳税部分。具体计算公式如下所示：

$$劳动收入份额=\frac{劳动者报酬-劳动者报酬中个人所得税部分+农业各税}{国民生产总值}$$

$$资本收入份额=\frac{营业盈余+固定资产折旧-企业所得税}{国民生产总值}$$

本书的劳动收入份额和资本收入份额数据按照上述方法进行了相关调整，排除了税收因素的影响。

4.4.1.3 控制变量

根据本书的研究目的并借鉴郝枫（2013）[②]等现有相关研究成果，依据理论与中国现实，主要考虑如下控制变量：

（1）经济发展水平。大量文献均认为要素分配与经济发展水平具有密切的关联，其中，李稻葵等（2009）[③]的研究表明劳动收入份额随经济发展呈U形曲线变化，而资本收入份额也受到经济发展水平的影响。经济发展水平指标既有直接性的GDP总额和人均GDP指标，又有间接性的经济增长率等指标，本书选择人均GDP以控制经济发展水平对要素收入分配的影响。

（2）宏观税收负担。通常认为，宏观税收负担对于劳动报酬、资本报酬及其在国民收入中的份额具有重要影响。比如，白重恩和钱震杰（2010）[④]的研究表明税负水平提高将降低劳动收入份额；伍山林（2011）[⑤]的研究则表明税负对劳动份额的影响具有多样性。本书选择税收总收入占GDP的比重以控制宏观税负对要素收入分配的影响。

（3）政府支出规模。通常认为，政府支出规模对于劳动者就业及其报

① 郭庆旺，吕冰洋．论税收对要素收入分配的影响[J]．经济研究，2011(6)．
② 郝枫．中国要素收入分配研究进展述评[J]．经济学动态，2013(8)．
③ 李稻葵，刘霖林，王红领．GDP中劳动份额演变的U型规律[J]．经济研究，2009(1)．
④ 白重恩，钱震杰．劳动收入份额决定因素：来自中国省际面板数据的证据[J]．世界经济，2010(12)．
⑤ 伍山林．劳动收入份额决定机制：一个微观模型[J]．经济研究，2011(9)．

酬占GDP的份额具有重要影响，政府的支出规模也会对资本收益产生较大影响。比如，罗长远和张军（2009）[①]、唐东波（2011）[②]认为财政收支扩张有助于提高劳动收入份额；而方文全（2011）[③]则认为财政收支对劳动份额具有显著的间接但持续的双重挤压作用。本书选择一般预算支出占GDP的比重以控制政府支出规模对要素收入分配的影响。

（4）经济结构。通常认为，经济发展阶段与经济结构紧密相连，并伴随着各产业资本报酬的差异，而经济结构的变迁必然带来国民收入中资本收入份额的变化，进而影响劳动收入份额的变化。肖红叶和郝枫（2009）[④]、罗长远和张军（2009）[⑤]、肖文和周明海（2010）[⑥]等认为产业结构是影响要素分配的重要因素；王永进和盛丹（2010）[⑦]、翁杰（2011）[⑧]等则认为产业结构或经济结构对要素分配没有影响。本书选择第三产业增加值占国民生产总值的比重以捕捉经济结构对要素收入分配的影响。

（5）市场开放程度。传统贸易理论认为，国际贸易会提高本国充裕要素的收入份额，因而国际贸易将使中国劳动收入份额提高。姜磊（2008）[⑨]、邵敏和黄玖立（2010）[⑩]等认为进出口贸易对劳动收入份额的影响显著为正；而李绅望和冯冰（2012）[⑪]则认为进口贸易对劳动收入份额的影响显著为负，出口贸易仅有弱负向作用。相比之下，学界普遍认为外商直接投资（FDI）对劳动收入份额具有负向作用，对资本收入份额具有正向作用。故本书选取外商直接投资与对外贸易依存度两个指标以控制市场开放程度的影响，其中，前者用外商直接投资占全社会固定资产投资的比重表示，后者用进出口总额占GDP的比重表示。

（6）经济国有化程度。白重恩等（2008）[⑫]发现，国有企业改制导致的劳动力市场改变，是要素份额变化的一个主要原因；白重恩和钱震杰

①⑤ 罗长远，张军．经济发展中的劳动收入占比：基于中国产业数据的实证研究[J]．中国社会科学，2009(4)．
② 唐东波．全球化与劳动收入占比：基于劳资议价能力的分析[J]．管理世界，2011(8)．
③ 方文全．中国劳动收入份额决定因素的实证研究：结构调整抑或财政效应[J]．金融研究，2011(2)．
④ 肖红叶，郝枫．中国收入初次分配结构及其国际比较[J]．财贸经济，2009(2)．
⑥ 肖文，周明海．贸易模式转变与劳动收入份额下降[J]．浙江大学学报（人文社会科学版），2010(5)．
⑦ 王永进，盛丹．要素积累，偏向型技术进步与劳动收入占比[J]．世界经济文汇，2010(4)．
⑧ 翁杰．中国农村劳动力转移与劳动收入份额变动研究[J]．中国人口科学，2001(6)．
⑨ 姜磊．我国劳动分配比例的变动趋势与影响因素[J]．当代经济科学，2008(4)．
⑩ 邵敏，黄玖立．外资与我国劳动收入份额[J]．经济学季刊，2010(4)．
⑪ 李绅望，冯冰．对外贸易与劳动收入占比：基于省际工业面板数据的研究[J]．国际贸易问题，2012(1)．
⑫ 白重恩，钱震杰．劳动收入份额决定因素：来自中国省际面板数据的证据[J]．世界经济，2010(12)．

(2010)[①]进一步发现，所有制结构变化对劳动份额的影响在不同时期存在差异。翁杰（2011）[②]、翁杰和周礼（2010）[③]、伍山林（2011）[④]认为，国企改革深化是导致劳动份额下降的重要原因；周明海等（2010）[⑤]从微观层面入手，发现企业异质性是不同所有制企业劳动份额差异的重要原因，所有制结构变动将通过减少要素扭曲引致劳动份额下降；张杰等（2012）[⑥]认为，民营企业劳动份额最低是我国制造业劳动份额偏低的重要因素；周克清等（2015）[⑦]认为，国有企业大多为资本密集型企业，经济国有化程度越高则意味着劳动收入份额越低。为此，本书选择国有及国有控股企业增加值占GDP的比重以控制经济国有化程度的影响。

4.4.1.4 解释变量

本书研究税制结构对要素收入分配的影响，故将税收制度中各主要税系及税种作为解释变量。笔者借鉴OECD和IMF的分类方法，将现有税收分为货劳税、所得税、财产税和其他税。本书首先考察四大税系对劳动收入份额和资本收入份额的影响；其次，考察主要税种对劳动收入份额和资本收入份额的影响，包括增值税、营业税、消费税、企业所得税和个人所得税等。其中，主要税系和税种对劳动收入份额和资本收入份额的影响将以其税收收入占GDP的比重作为代理变量，即将宏观税收负担进行分解。

4.4.1.5 数据来源

数据来源于《中国统计年鉴》《中国税务年鉴》《中国财政年鉴》《新中国60年统计资料汇编》和《新中国农业税历程》及各省历年统计年鉴。考虑到相关数据的可获得性，本书选取我国大陆省际1998—2012年时间长度T=15的数据，同时剔除了西藏的相关数据，组成截面个体为N=30的面板数

① 白重恩，钱震杰，武康平. 中国工业部门要素分配份额决定因素研究[J]. 经济研究，2008(8).
② 翁杰. 中国农村劳动力转移与劳动收入份额变动研究[J]. 中国人口科学，2001(6).
③ 翁杰，周礼. 中国工业部门劳动收入份额的变动研究：1978-2008[J]. 中国人口科学，2010(4).
④ 伍山林. 劳动收入份额决定机制：一个微观模型[J]. 经济研究，2011(9).
⑤ 周明海，肖文，姚先国. 企业异质性、所有制结构与劳动收入份额[J]. 管理世界，2010(10).
⑥ 张杰，卜茂亮，陈志远. 中国制造业部门劳动报酬比重的下降及其动因分析[J]. 中国工业经济，2012(5).
⑦ 周克清，毛锐，罗欢. 税制结构对劳动收入份额的影响机制研究[J]. 税务与经济，2015(2).

据。剔除西藏的原因是由于西藏社会经济发展水平与其他省份差异较大，且2007年之前缺少房产税数据。

各省税收数据来自于各年度《中国税务年鉴》中“全国税务机关组织收入分地区分税种情况表”，本书取各税种（税系）占总税收的百分比作为解释变量。宏观税收负担指标根据历年《中国税务年鉴》和《中国统计年鉴》计算而得，为各地区税收收入占GDP的比值。

人均GDP指标采用经过价格指数平减后的不变价GDP，政府支出规模、经济结构及外商投资占比指标均根据《中国统计年鉴》《新中国60年统计资料汇编》及各省统计年鉴数据汇总而得。

对外贸易依存度指标采用名义进出口总额与名义GDP的比值，进出口总额选用各省统计年鉴中“按境内目的地和货源地分货物进出口总额”口径统计的数据。为了减少统计口径误差，确保数据的一致性，各省“按境内目的地和货源地分货物进出口总额”都用当年的平均汇率换算成以人民币为单位（亿元）的总额（变量设定见表4-2）。

表4-2　　变量设定

变量类型	变量名称	代码	变量设定
被解释变量	劳动收入份额	*RL*	劳动报酬占GDP的比重
	资本收入份额	*RK*	资本报酬占GDP的比重
解释变量	货劳税	*GST*	货劳税收入占税收收入的比重
	所得税	*IT*	所得税收入占税收收入的比重
	财产税	*PT*	财产税收入占税收收入的比重
	其他税	*OT*	其他税收入占税收收入的比重
	增值税	*VAT*	增值税收入占税收收入的比重
	消费税	*CT*	消费税收入占税收收入的比重
	营业税	*BT*	营业税收入占税收收入的比重
	企业所得税	*EIT*	企业所得税收入占税收收入的比重
	个人所得税	*IIT*	个人所得税收入占税收收入的比重

续 表

变量类型	变量名称	代码	变量设定
控制变量	政府支出规模	*GL*	一般预算支出占GDP的比重
	经济结构	*THI*	第三产业增加值占GDP的比重
	宏观税收负担	*TBR*	税收收入占GDP的比重
	人均*GDP*	*GDP*	
	对外贸易依存度	*OPEN*	进出口总额占GDP的比重
	外商直接投资	*FDI*	外商直接投资占全社会固定资产投资的比重
	经济国有化程度	*SOP*	国有及国有控股企业增加值占GDP的比重

4.4.1.6 数据统计描述

将相关数据导入Stata中，进行相关描述统计分析，变量相关性质见表4-3。被解释变量中，劳动收入份额的均值为0.47354，最大值为0.66129，最小值为0.30645；而资本收入份额的均值为0.37824，最大值为0.52814，最小值为0.17361。解释变量中，货劳税的均值为0.70937，所得税的均值为0.20712，财产税的均值为0.01835，其他税的均值为0.02358，增值税的均值为0.44405，消费税的均值为0.08716，营业税的均值为0.16222，企业所得税的均值为0.14814，个人所得税的均值为0.05898。控制变量中，政府支出规模的均值为0.16905，经济结构（第三产业增加值占GDP的比重）的均值为0.40407，宏观税收负担的均值为0.14901，人均GDP的均值为19967.60，对外依存度的均值为0.31503，外商直接投资的均值为0.00768，经济国有化程度的均值为0.16054。

4.4.2 研究方法

为了保证计量结果的有效性，本书分别对面板数据进行Levin-Lin-Chu单位根检验和Westerlund ECM协整检验，其结果表明面板数据各变量均为一阶差分平稳，且变量之间存在协整关系。

由经验理论可知，要素收入份额是一个连续动态的过程，上期的要素收入

表4-3 变量统计描述

变量类型	变量名称	代码	样本量	均值	标准误	最小值	最大值
被解释变量	劳动收入份额	*RL*	420	0.47354	0.07013	0.30645	0.66129
	资本收入份额	*RK*	420	0.37824	0.06254	0.17361	0.52814
解释变量	货劳税	*GST*	420	0.70937	0.06589	0.35394	0.81589
	所得税	*IT*	420	0.20712	0.06769	0.08217	0.60215
	财产税	*PT*	420	0.01835	0.00623	0.00701	0.06089
	其他税	*OT*	420	0.02358	0.02198	0.00458	0.21131
	增值税	*VAT*	420	0.44405	0.08396	0.17367	0.64099
	消费税	*CT*	420	0.08716	0.06346	0.00854	0.38897
	营业税	*BT*	420	0.16222	0.04696	0.08300	0.38390
	企业所得税	*EIT*	420	0.14814	0.06205	0.04998	0.52963
	个人所得税	*IIT*	420	0.05898	0.01705	0.01124	0.12482
控制变量	政府支出规模	*GL*	420	0.16905	0.07773	0.05676	0.61211
	经济结构	*THI*	420	0.40407	0.07303	0.28303	0.76456
	宏观税收负担	*TBR*	420	0.14901	0.08176	0.03079	0.51789
	人均GDP	*GDP*	420	19967.60	16708.58	2346.86	91251.80
	对外贸易依存度	*OPEN*	420	0.31503	0.40116	0.03204	1.72148
	外商直接投资	*FDI*	420	0.00768	0.00969	0.00079	0.09051
	经济国有化程度	*SOP*	420	0.16054	0.06772	0.05081	0.35011

份额分配会对当期要素收入份额产生某种影响。为了考虑要素收入份额的动态效应，本书引入因变量的滞后一阶项，作为动态面板模型的解释变量；而因变量的滞后项作为解释变量，可能会导致解释变量的内生性问题，故而采用标准的随机效应或者固定效应对动态面板数据模型进行估计，必将导致估计量的非一致性及扭曲的经济含义。为解决这一问题，Arellano和Bond（1991）[①]、Arellano和Bover（1995）[②]、Blundell和Bond（1998）[③]提出了广义矩（GMM）估计方法。广义矩估计包括差分广义矩估计（GMM-DIF）和系统广义矩估计（GMM-SYS)。

Arellano和Bond（1991）提出的差分广义矩估计可以解决动态面板数据模型估计量的非一致性问题，但是就偏误和估计准确性而言，差分GMM估计方法仍存在着一些缺陷。比如，在大多数情况下变量的滞后值并不是一阶差分方程的理想工具变量，而且一阶差分GMM还存在着严重的有限样本偏误。系统GMM估计综合了一阶差分方程和水平方程，即以合适的滞后水平值作为工具变量的标准一阶差分方程组和以合适的滞后一阶差分变量作为工具变量的水平方程组，显著降低了有限样本的偏误，提高了估计的准确性。为此，本书采用系统广义矩估计（GMM-SYS）方法对上文模型进行估计；在工具变量的设置上，本书将劳动收入份额和资本收入份额的滞后项作为差分方程的GMM类型工具变量。

在用GMM-SYS进行估计后，首先进行Arellano-Bond 的自相关检验。检验结果表明，所有模型均通过了Arellano-Bond 的自相关检验；随后进行了工具变量的SARGAN过渡识别检验，检验亦均通过。

4.4.3 实证结果：税制结构与劳动收入份额

4.4.3.1 工具变量与控制变量对劳动收入份额的影响

模型1～7中，因变量滞后项系数均为正值且在1%的水平上显著，表明本书将其引入工具变量是有效的（见表4-4）。

① Arellano, Manuel & Stephen Bond. Some Tests of Specification for Panel Data: Monte Carlo Evidence and an Application to Employment Equations[J]. The Review of Economic Studies, 1991, 58(2).

② Arellano, Manuel & Olympia Bover. Another Look at the Instrumental Variable Estimation of Error-components Models[J]. Journal of Econometrics, 1995, 68(1).

③ Blundell, Richard & Stephen Bond. Initial Conditions and Moment Restrictions in Dynamic Panel Data Models[J]. Journal of Econometrics, 1998, 87(1).

表4-4 回归结果：劳动收入份额

变量 \ 模型	1	2	3	4	5	6	7
C	−0.2319994 (−1.38)	−0.1859303 (−1.17)	−0.2279431 (−1.55)	0.0276866 (0.14)	0.3710613* (1.90)	−0.1740899 (−0.85)	−0.0991001 (−0.68)
ln*RL*（−1）	0.5963942 *** (14.43)	0.6066277*** (18.37)	0.6016642*** (11.85)	0.5138675*** (8.85)	0.4752177*** (11.74)	0.5889856 *** (7.15)	0.5397163*** (10.53)
ln*GL*	0.0159957 (0.77)	0.0310272 (1.36)	0.02676 (0.81)	0.0390653 (1.60)	0.095242*** (2.76)	0.0377987 (1.14)	0.0848033 *** (3.25)
ln*THI*	0.1399669 (1.60)	0.1167657 (1.50)	0.085399 (0.97)	0.0146624 (0.28)	−0.0008232*** (−0.01)	0.1883233** (1.97)	0.1730931* (1.71)
ln*TBR*	0.0066375 (0.22)	−0.0461454 (−1.45)	0.0038073 (0.20)	0.0467741* (1.83)	0.0151895 (0.61)	−0.0220972 (−0.84)	−0.082536*** (−2.86)
ln*GDP*	0.0036871 (0.34)	−0.0098949 (−1.17)	−0.0046511 (−0.33)	−0.0054626 (−0.73)	−0.0562696*** (−3.94)	−0.0127802 (−0.80)	−0.0241434** (−2.16)
ln*OPEN*	−0.0653978*** (−7.78)	−0.0441547 *** (−4.17)	−0.064425*** (−5.99)	−0.070154*** (−10.04)	−0.0316469** (−2.53)	−0.064891*** (−5.58)	−0.0271265** (−2.48)
ln*FDI*	0.0394328** (2.02)	0.0431266*** (2.82)	0.0314886** (2.29)	0.0370666*** (2.77)	0.0155801 (0.92)	0.0510542*** (2.67)	0.0280118** (1.83)
ln*SOP*	−0.0776001*** (−3.27)	−0.0509757 *** (−3.14)	−0.0938408*** (−4.86)	−0.0897103 *** (−4.35)	−0.0858272*** (−3.34)	−0.0478411* (−1.95)	−0.0907152*** (−3.60)
ln*GST*		−0.2944892*** (−6.86)					
ln*IT*			0.0186418 (1.21)				

续表

变量＼模型	1	2	3	4	5	6	7
ln*PT*				0.0657102*** (3.78)			
ln*OT*					0.040783*** (8.92)		
ln*VAT*						−0.1382851*** (−4.93)	
ln*BT*						−0.0010405 (−0.04)	
ln*CT*						−0.0475038*** (−3.19)	
ln*EIT*							0.0721301*** (5.04)
ln*IIT*							−0.0690507*** (−10.94)
样本数	420	420	420	420	420	420	420
AR1−p	0.0002	0.0002	0.0003	0.0004	0.0003	0.0005	0.0004
AR2−p	0.9287	0.8624	0.8834	0.9293	0.5289	0.9441	0.7424
SARGAN−p	1.0000	1.0000	1.0000	1.0000	1.0000	1.0000	1.0000

注："***" "**"和"*"分别表示1%、5%和10%的显著性水平下显著，括号内为系数的t值。

政府支出规模（*GL*）的系数仅在模型5与模型7中通过显著性检验，系数虽为正数但偏小，表明政府支出规模的上升对提高劳动者收入份额的作用并不明显。

经济国有化程度（*SOP*）*XT*的系数为负，且在所有模型中均显著，说明资本密集型行业的发展对于劳动者收入报酬份额的提升具有负向作用，与理论预期是基本相符的。

对外贸易依存度（*OPEN*）的系数均为负，在所有模型中均通过了显著性检验，表明我国的对外贸易并没有提高劳动者收入的份额。外商直接投资（*FDI*）的系数为正，且除模型5外都通过了显著性检验，表明外商直接投资能够提高劳动者收入份额。由此可见，无论是对外贸易依存度还是外商直接投资对劳动者收入份额均有一定影响，本书的结论均与学界的普遍结论不大一致。

人均GDP、宏观税收负担（*TBR*）及经济结构（*THI*）的系数符号在模型1～7中未能保持一致，且大部分未能通过显著性检验，表明该三项控制变量未能就我国经济发展水平与劳动者收入份额的相关关系提供显著的统计证据。

4.4.3.2 解释变量对劳动收入份额的影响

模型2中货劳税的系数为负，且在1%的显著性水平下通过检验，说明货劳税降低了劳动收入份额，并在一定程度上扩大了居民收入差距。模型6中，增值税的系数为负且在1%水平下通过显著性检验，与理论预期相符合，说明我国现行增值税体系扩大了居民收入差距；营业税的系数为负，但未能通过显著性检验；消费税的系数为负，且在1%水平下通过显著性检验，表明消费税的增加对于劳动收入份额的提高具有负向作用。具体来说，货劳税所占比重每上升1个百分点，劳动收入份额下降0.29个百分点；增值税所占比重每上升1个百分点，劳动收入份额下降0.138个百分点；消费税每上升1个百分点，劳动收入份额下降0.048个百分点，而营业税在模型中不显著。

模型3中所得税的系数为正，但未能通过显著性检验；模型7中，企业所得税的系数为正，且在1%的水平下通过显著性检验，表明企业所得税的增加能够提高劳动收入份额；个人所得税的系数为负，且在1%的水平下通过显著性检验，表明个人所得税比重的上升进一步降低了劳动收入的份额。具体来说，企业所得税每上升1个百分点，劳动收入份额将上升0.072个百分点；个人所得税每上升1个百分点，劳动收入份额将下降0.069个百分点。

模型4中财产税的系数为正，且在1%的水平下通过显著性检验，说明我国财产税比重的上升有利于提高劳动收入的份额；模型5中其他税的系数为正，且在1%的水平下通过显著性检验，表明其他税比重的上升对于提高劳动收入份额是一个利好因素。具体来说，财产税每上升1个百分点，劳动收入份额将上升0.066个百分点；其他税比重每上升1个百分点，劳动收入份额将上升0.041个百分点。

4.4.4 实证结果：税制结构与资本收入份额

4.4.4.1 工具变量与控制变量对资本收入份额的影响

模型1～7中，因变量滞后项系数均为正值且在1%的水平上显著，表明本书将其引入工具变量是有效的（见表4-5）。

国有化程度（*SOP*）的系数为正，且除模型6外均通过了显著性检验，说明国有经济比例越高，资本向国有经济倾斜越严重，资本收入份额越高。这可能是因为国有经济所占比重越大，说明资本密度高，其在经济中的垄断力量越强，或者工业集中化程度越高，从而有利于资本要素收入分配。

宏观税收负担（*TBR*）的系数为正，在7个模型中，除模型1、模型4、模型5外都通过了显著性检验，表明宏观税负的提高会在一定程度上提高资本收入份额。

对外贸易依存度（*OPEN*）的系数为正且通过显著性检验，表明对外开放程度的加强会有利于资本分配份额的提高。

外商直接投资（*FDI*）的系数为负，在所有模型中均通过了显著性检验，表明外商投资比重增加会降低资本要素在收入分配中的份额。这可能是由于外商投资在中国境内设厂，多为转移其加工包装等低增加值的业务，相对资本回报率不高。

政府支出规模（*GL*）、人均GDP及经济结构（*THI*）在多数模型中没有通过显著性检验，说明其对资本收入份额没有显著性影响。

表4-5 回归结果：资本收入份额

变量＼模型	1	2	3	4	5	6	7
C	−0.1035831 (−0.60)	−0.2386224 (−1.37)	−0.0098368 (−0.05)	−0.1181118 (−0.46)	−1.07689*** (−4.06)	−0.1622744 (−0.57)	−0.566807*** (−2.74)
ln*RK*（−1）	0.6263472*** (11.03)	0.5958243*** (11.47)	0.6548233*** (12.37)	0.6203731*** (11.50)	0.5159303*** (10.27)	0.5567459*** (9.08)	0.5777586*** (12.12)
ln*GL*	−0.005735 (−0.14)	−0.0321259 (−0.72)	0.0298473 (0.76)	0.0013951 (0.03)	−0.0306381 (−0.68)	−0.0559445 (−1.16)	−0.0621018 (−1.40)
ln*THI*	−0.1339833 (−1.32)	−0.0711838 (−0.70)	−0.1373385 (−1.35)	−0.1470408 * (−1.87)	−0.2517746 *** (−2.82)	−0.0945992 (−0.98)	−0.3974866*** (−5.12)
ln*TBR*	0.0118877 (0.57)	0.0900579*** (2.58)	0.0136942** (0.75)	0.0079031 (0.39)	0.0090131 (0.41)	0.07326** (2.16)	0.1261279*** (3.50)
ln*GDP*	−0.0301137* (−1.93)	−0.0066861 (−0.39)	−0.0402195*** (−2.60)	−0.0343339** (−2.24)	0.0106544 (0.54)	0.0157102 (0.84)	−0.0052223 (−0.32)
ln*OPEN*	0.0814204 *** (6.73)	0.0667029*** (5.63)	0.0816057*** (6.91)	0.0818977*** (7.10)	0.0341969*** (2.68)	0.080689*** (6.63)	0.0352023** (2.42)
ln*FDI*	−0.0510659*** (−2.92)	−0.073052*** (−3.94)	−0.0597536*** (−3.90)	−0.046359*** (−2.76)	−0.033562* (−1.77)	−0.0538568*** (−3.28)	−0.0567728*** (−3.13)
ln*SOP*	0.1055158*** (3.28)	0.0649963* (1.91)	0.1029944*** (3.01)	0.0927497*** (2.75)	0.0644559** (2.21)	0.0491834 (1.33)	0 .0868668** (2.55)
ln*GST*		0.5058607*** (6.82)					
ln*IT*			−0.030982** (−2.22)				

续表

变量＼模型	1	2	3	4	5	6	7
ln*PT*				−0.0109958 (−0.55)			
ln*OT*					−0.0588227*** (−8.69)		
ln*VAT*						0.2898993*** (8.90)	
ln*BT*						0.0359648 (1.44)	
ln*CT*						0.0790925*** (5.42)	
ln*EIT*							−0.1185838*** (−9.51)
ln*IIT*							0.1136173*** (8.40)
样本数	420	420	420	420	420	420	420
AR1−p	0.0007	0.0006	0.0006	0.0008	0.0007	0.0011	0.0004
AR2−p	0.6536	0.5379	0.6120	0.6611	0.8866	0.5304	0.6142
SARGAN−p	1.0000	1.0000	1.0000	1.0000	1.0000	1.0000	1.0000

注："***"、"**"和"*"分别表示1%、5%和10%的显著性水平下显著，括号内为系数的*t*值。

4.4.4.2 解释变量对资本收入份额的影响

模型2中货劳税的系数为正，且在1%的显著性水平下通过检验，说明货劳税提高了资本收入份额，并在一定程度上扩大了居民收入差距。从货劳税内部来看，模型6中增值税、营业税、消费税的系数均为正，且增值税、消费税均在1%显著性水平下通过检验，说明增值税与消费税有利于提高资本收入份额。

模型3中所得税的系数为负，且在5%水平下通过显著性检验，说明所得税占比的提高能降低资本收入所占的份额。从所得税内部来看，模型7中企业所得税的系数为负，个人所得税的系数为正，均在1%水平下通过显著性检验，说明企业所得税会降低资本收入份额，而个人所得税会提高资本收入份额，而企业所得税对于资本收入份额的提高作用更强，故两者综合作用表现为所得税起到降低资本收入份额的作用。

模型4中财产税的系数为负，但未能通过显著性检验；模型5中其他税的系数为负，且在1%的水平下通过显著性检验，表明其他税比重的降低对于提高资本收入份额可能是一个利好因素。

总体来看，货劳税每上升1个百分点，资本收入份额将提高0.506个百分点。其中，增值税每上升1个百分点，资本收入份额将提高0.290个百分点；消费税每提高1个百分点，资本收入份额将提高0.079个百分点。所得税每上升1个百分点，资本收入份额将下降0.031个百分点。其中，企业所得税每上升1个百分点，资本收入份额将下降0.119个百分点；个人所得税每上升1个百分点，资本收入份额将上升0.114个百分点。

4.4.5 实证结果：税制结构与要素收入分配的区域性

我国幅员辽阔，地区间的税制结构和要素收入分配情况均有不同表现，若采用全国数据考察税制结构对要素收入分配的影响，可能会出现研究范围选择方面的偏差，因此本书进一步利用系统GMM方法实证分析税制结构的区域效应，旨在通过考察更小范围的区域内税制结构对要素收入分配的影响，以保证研究结论的准确性（见表4–6）。

表4–6　　　　　　各税系对要素收入份额的影响

税系或税种	劳动收入份额				资本收入份额			
	全国	东部	中部	西部	全国	东部	中部	西部
货劳税	-*	-	-*	-*	+*	-	+	+*
增值税	-*	+*	-	+	+*	+*	+	+
营业税	-	+*	+	+	+	-*	+	+
消费税	-*	-	-	+	+*	+*	+	+
所得税	+	+	-*	-	-*	-	+	-*
企业所得税	+*	-*	-	+	-*	+*	+	-*
个人所得税	-*	+*	+	-*	+*	-*	-	-
财产税	+*	+*	-	+*	-	-*	-	-
其他税	+*	+	+	+*	-*	+	-*	-*

注：“-”“+”分别表示负向影响、正向影响，*表示通过显著性检验。

4.4.5.1 货劳税的影响

货劳税对劳动收入份额的影响为负，对资本收入份额的影响为正（仅东部地区为负），且大多数通过了显著性检验，大体上与全国的结论保持一致，从侧面验证了全国回归结果的稳健性，说明货劳税对劳动收入份额具有逆向调节作用而对资本收入份额起到了正向调节的作用。

增值税对劳动收入份额的影响，全国层面上是负向的，仅中部地区与之保持一致，而东部和西部的影响则是正向的，但中部和西部未能通过检验；增值税对资本收入份额的影响，全国层面上是正向的，且东部、中部、西部三个地区的影响均为正向的，与全国保持高度的一致性，但中部和西部未能通过检验。

营业税对劳动收入份额的影响，在全国层面上是负向的，在东部、中部、西部三个地区都呈正向的影响，出现了较大的反差，且仅东部地区通过了检验；营业税对资本收入份额的影响，在全国层面上是正向的，中部和西部两个地区呈正向的影响，而东部地区则呈负向的影响，且东部地区通过了检验。

消费税对劳动收入份额的影响，在全国层面上是负向的，且通过了检验，东部和中部地区的影响方向与全国一致，而西部地区的影响是正向的，东部、中部、西部三个地区都没有通过检验；消费税对资本收入份额的影响，在全国层面上是正向的，东部、中部、西部三个地区的影响方向与全国保持高度一致，但仅全国和东部通过了检验。

4.4.5.2 所得税的影响

所得税对劳动收入份额的影响，全国层面上是正向的，但仅东部地区与之保持一致，且两者均未能通过统计检验；所得税对资本收入份额的影响，全国层面上为负，东部和西部地区的影响方向与全国一致，但东部地区未能通过检验。

企业所得税对劳动收入份额的影响，全国层面上是正向的，且通过了统计检验，但东部和中部地区的影响方向却与全国相反，西部地区的影响方向虽与全国保持一致却未能通过检验；企业所得税对资本收入份额的影响，全国层面上是负向的，东部和中部两个地区的影响方向与全国保持一致，但中部地区未能通过统计检验。

个人所得税对劳动收入份额的影响，在全国层面上是负向的，东部和中部地区的影响方向与全国相反，仅西部地区的影响方向与全国一致，但中部地区未能通过统计检验；个人所得税对资本收入份额的影响，在全国层面上是正向的，但东部、中部、西部三个地区的影响均与全国相反，且仅有全国和东部地区通过了统计检验。

4.4.5.3 财产税的影响

财产税的实证分析未表现出明显的区域差异。财产税对劳动收入份额的影响，东部和西部与全国结论保持一致，起到了提高劳动收入份额的作用，中部与全国的结论相反但未能通过统计检验。财产税对资本收入份额的影响，均为负向影响，但仅东部地区通过了统计检验。

5. 税制结构与居民消费需求

5.1 相关文献回顾

近年来，我国国民经济实现了持续高速增长，即使是在2008年全球金融危机之后，我国也维持了7%～10%的经济增长水平。但是，在2008年的全球金融危机后，我国的出口需求锐减，严重影响了我国的经济稳定与经济增长；国内需求（特别是消费需求）严重不足对于经济稳定与增长的影响日益凸显出来。特别是2014年中国经济开始步入“新常态”，单纯依靠出口需求和固定资产投资已经不可能支撑起我国的经济增长，必须谋求经济发展方式的转变。事实上，1995年党的十四届五中全会就提出要“积极推进经济增长方式转变”；而2007年党的十七大进一步提出要“加快经济发展方式转变”，强调“要促进经济增长由主要依靠投资、出口拉动向依靠消费、投资、出口协调拉动转变”；国家“十二五”规划明确提出，“构建扩大内需长效机制，促进经济增长向依靠消费、投资、出口协调拉动转变”；而中共十八届三中全会报告则重申要加快转变经济发展方式，要求实现可持续发展。显然，在促增长、调结构的经济发展中，必须进一步扩大内需，提高国内居民消费。在扩大内需、提高国内消费的政策体系中，税收制度及税制结构具有非常重要的作用。一般而言，征税将会降低居民的收入水平，并进而影响居民的消费水平。但在给定宏观税收负担的前提下，不同的税种对居民消费的影响方式及程度存在一定的差异，诸税种合理搭配所形成的税制结构仍然可能对提高居民消费水平具有一定的积极作用。

在税制结构与消费需求之间关系的问题上，国内外学界均在不同程度上进行了研究。比如：Keen（2002）[①]、Kaplanoglou（2004）[②]认为，税制结构的任何调整都会产生重要的再分配效应，进而对居民消费需求产生影响。

储德银、闫伟（2012）[③]认为，财产税能够挤入居民消费，而商品税和所得税均挤出居民消费需求，但开征利息税能够显著降低个人所得税对居民消费需求的抑制效应；为此，他们主张积极推进与实行“有增有减”的新一轮税制改革，构建与扩大居民消费需求相协调的税制结构。张斌（2011）[④]认为，我国以流转税为主体的税制结构造成对消费需求的抑制，主张进一步完善流转税制度，调整流转税负结构，缓解税制的累退性；完善个人所得税制，逐步提高个人所得税在税收收入中的比重；加快推进对居民住宅征收的房产税改革。张晓林和靳共元（2010）[⑤]认为，我国当前的税制结构中，增值税、营业税、企业所得税的税负转嫁在一定程度上加大了居民税负，直接影响居民消费；消费税、个人所得税促进社会公平的功能较弱，财产税调控居民收入的功能缺失，间接影响居民消费；为此，应适当降低流转税比重，调整流转税内部结构，改革个人所得税，完善财产税。

郑友峰（2008）[⑥]认为，不管是从税基本身来看，还是从税基对收入分配的影响进而对消费储蓄的影响来看，所得税和财产税有利于消费率的提高，消费税不利于消费率的提高。为了提高消费率，降低过高的储蓄率，我国税制改革的方向应该是提高所得税和财产税在整个国家税制中的地位，适度降低消费税（指以消费为税基的消费税）在我国税制结构中的地位。

钟大能（2009）[⑦]指出，财产税有助于减少财产存量拥有者在保有环节以财产形式表现的储蓄量，增加储蓄财产存量向货币收入流量的转化，最终刺激即期消费；同时，财产税还有助于降低收入分配差距，而收入分配差距

---

① Keen, Michael & Lahiri, Sajal & Pascalis Raimondos-MØller. Tax Principles and Tax Harmonization under Imperfect Competition: A Cautionary Example[J]. European Economics Review, 2002, 46(8):1559-1568.

② Kaplanoglou, Georia. Household Consumption Patterns, Indirect Tax Structures and Implications for Indirect Tax Harmonization: A Three Country Perspective[J]. The Economic and Social Review, 2004(35):83-107.

③ 储德银，闫伟. 税收政策与居民消费需求[J]. 经济理论与经济管理，2012(3).

④ 张斌. 扩大消费需求与税制结构调整[J]. 涉外税务，2011(6).

⑤ 张晓林，靳共元. 我国税制结构与居民消费的实证分析与思考[J]. 中国城市经济，2010(5).

⑥ 郑友峰. 应对我国低消费经济现状的税制改革与协调[J]. 税务与经济，2008(2).

⑦ 钟大能. 我国财产税制改革正当其时——从拉动消费需求、促进经济长期增长的角度分析[J]. 西南民族大学学报（人文社科版），2009(3).

的缩小对于全面提升居民消费需求具有长期持续作用。因此，主张改革财产税，拉动消费需求扩大内需。

张秀敏（2004）[①]指出，商品税的累退性在一定程度上降低了居民的边际消费倾向，收入课税直接减少了可支配收入从而降低居民消费，而收入再分配作用较弱的税收制度对于提升消费也存在一定的局限。因此，主张调高个人所得税起征点，调整个人所得税的税率；改利息税的比例税率为累进税率，允许一些特定的税收优惠；结构性调整现有的税种，并将一些新的税种纳入我国税收体系。

席卫群（2011）[②]综述了税收对居民消费的作用，指出可将应急性、非常态性的刺激居民消费的措施转向稳定性、规范性、可持续性的税收政策。

尽管学界就税收制度、税制结构与消费需求的相互关系展开了深入的理论探讨，其对于扩大我国的消费需求，并进而促进我国宏观经济的持续增长有非常重要的意义；但令人遗憾的是，消费经济学界的研究基本没有考虑税制结构因素的影响，而财税学界的研究不仅很少考虑影响消费的一般因素，而且大多属于定性的研究，缺乏较为深入的以计量模型为基础的定量分析；在定量分析的文献中，要么所涉及的时间段较短，要么相关变量的选取不够科学，故而得出的结论尚无法令人信服。为此，本书以相关理论分析为基础，以1994—2010年的相关数据构建计量模型，深入分析国内各税系及税种对于居民消费需求的影响。

5.2 税制结构对居民消费需求的影响机理

5.2.1 税收制度对居民消费需求的影响路径

一般而言，税收制度对居民消费需求的影响主要是通过两个方面来体现的：

第一是税收负担（率）。凯恩斯学派和新古典宏观经济学派认为，税收可以通过影响人们的收入水平而抑制居民消费需求。但是，税收负担对居民消费需求的影响机理非常复杂，其不仅可能降低居民的可支配收入，也可能改变公共支出影响居民消费需求，而且可能通过改变商品和服务的价格影

① 张秀敏. 优化税制启动消费需求[J]. 西南交通大学学报(社会科学版)，2004(2).

② 席卫群. 论扩大居民消费的税收效应[J]. 消费经济，2011(6).

响居民消费需求，或通过调节商品和劳务的供给结构影响居民消费需求，因此，学界并没有就此达成一致意见。比如，李俊霖（2007）[①]指出，宏观税负的提高既可能通过减少个人可支配收入抑制消费需求，也可能通过增加公共产品供给间接刺激居民消费需求；李普亮和贾卫丽（2013）[②]的研究表明，我国税收收入的增长和税收负担率的上升并没有抑制居民消费增加，反而对其表现出一定程度的挤入效应；李文（2011）[③]的研究也表明税收负担对城镇居民消费的影响有限。但是，杨文芳和方齐云（2010）[④]的研究表明，过高的税负率对我国居民消费率具有负面影响。

第二是税制结构。学界大多关注税收负担对居民消费需求的影响，而税制结构的影响却遭到了不应有的忽视。税收制度大致可以分为货劳税、所得税、财产税及其他税四大类，其对居民消费需求的影响将在本部分余下内容中详细描述。

5.2.2 货劳税系对居民消费需求的影响路径

一般而言，货劳税容易通过涨价的方式转嫁给购买方，从而导致价格的上涨。比如，杨君茹和戴沐溪（2013）[⑤]研究发现，增值税、消费税和营业税对CPI的弹性分别为0.272、0.210和0.446，且由于税收增长幅度较大，流转税对于CPI的影响有扩大趋势。在价格普遍上涨的条件下，货劳税会产生收入效应，降低消费者的实际可支配收入，从而降低居民的消费需求。当然，货劳税的征收也会产生替代效应，即在当期消费与储蓄（未来消费）之间形成替代，从而降低当期消费而增加储蓄。如果注意到货劳税的累退性，那么它还可能恶化居民间的收入分配不均衡状况；而按照消费经济学原理，居民的贫富差距越大，其整体的消费倾向越低，故而消费需求会大受影响。相反，如果采用差别性的货劳税，对不同商品和劳务进行课税，则有可能影响不同收入人群的可支配收入水平及其消费结构，并在一定程度上缩小收入差距，那么将在相反的方向上影响居民消费需求。

---

① 李俊霖. 宏观税负、财政支出与经济增长[J]. 经济科学，2007(4).

② 李普亮，贾卫丽. 税收负担挤出了居民消费吗——基于中国省际面板数据的实证研究[J]. 经济学家，2013(6).

③ 李文. 税收负担对城镇居民消费的影响[J]. 税务研究，2011(2).

④ 杨文芳，方齐云. 财政收入、财政支出与居民消费率[J]. 当代财经，2010(2).

⑤ 杨君茹，戴沐溪. 流转税对于CPI的影响——基于省际面板数据的实证分析[J]. 财政研究，2012(11).

5.2.3 所得税系对居民消费需求的影响路径

所得税主要包括企业所得税和个人所得税，前者是对企业的生产经营所得及其他所得征税，而后者是对个人的各种所得征税，可见二者对居民消费需求的影响是不同的。按照经典税负转嫁理论，企业所得税对企业的生产经营所得及其他所得征税，不会影响企业的生产规模及商品定价策略，因而不会影响商品的供求及居民的消费需求。但企业所得税的征收将会降低资本的收益率，缩小资本与劳动力之间的收入分配差距，从而在一定程度上提高整个社会的消费倾向及居民消费需求。当然，从长期来看，随着资本收益率的降低，投资方必然会调整资本投入的方向与结构，从而将部分税收负担转嫁给劳动和消费者。但这个过程仍然会降低资方和劳方及普通消费者之间的贫富差距，提高居民消费需求。比如，李铁（2013）[①]研究发现，企业所得税税负每提升1%，居民消费水平会上升0.14%；徐全红（2013）[②]认为，公司所得税对居民消费是挤出性的。

一般认为，个人所得税的征收会直接降低居民的可支配收入，从而降低其消费需求。但是，更应该注意到，累进性的个人所得税对社会贫富差距具有非常重要的调节作用，从而能够提高整个社会的消费倾向及居民消费需求。但学界对个人所得税与居民消费之间关系的研究并未能取得一致的意见。比如，廖楚辉和魏贵和（2013）[③]发现，从长期来看个人所得税在一定程度上影响了城镇居民消费性支出，呈现出不显著且微弱的负相关关系；刘华等（2015）[④]研究发现，人均个人所得税税负每提高1元，将会导致人均消费支出平均减少0.06%；赵云峰（2015）[⑤]的研究表明，个人所得税对居民消费需求有明显的挤出效应；缪慧星和柳锐（2012）[⑥]研究发现，社会消费对个人所得税的冲击响应始终为负，要刺激社会消费，降低个人所得税可达到长期效果。与其相反的是，李铁（2013）[⑦]研究发现，

① 李铁. 基于促进消费的个人所得税改革研究[J]. 吉林师范大学学报（人文社会科学版），2013(3).
② 徐全红. 我国税收政策对居民消费影响的实证分析[J]. 财政研究，2013(2).
③ 廖楚辉，魏贵和. 个人所得税对我国城镇居民收入与消费的影响[J]. 税务研究，2013(9).
④ 刘华，陈力朋，徐建斌. 税收凸性对居民消费行为的影响[J]. 税务研究，2015(3).
⑤ 赵云峰. 我国税收政策对消费需求影响的结构异质性研究[J]. 生产力研究，2015(1).
⑥ 缪慧星，柳锐. 增值税、消费税和个人所得税对社会消费冲击的动态效应[J]. 税务研究，2012(6).
⑦ 李铁. 基于促进消费的个人所得税改革研究[J]. 吉林师范大学学报（人文社会科学版），2013(3).

个人所得税税负每提升1个百分点，居民消费水平会上升0.23%；于宇和陈红民（2012）①的研究也表明个人所得税可以提高社会边际消费倾向和个人边际消费倾向，从而拉动消费需求。

5.2.4 财产税系对居民消费需求的影响路径

财产税包括房产税、车船税、赠与税、遗产税等税种。通常认为，财产税不易转嫁，具有明显的财富效应，从而降低居民的消费需求。财产税对居民消费的影响主要涉及三个部分，一是财产税降低居民实际可支配收入，从而降低居民消费，即收入效应；二是财产税对消费和储蓄之间的选择产生偏向性的影响，即替代效应；三是财产税的征收在一定程度上能够缩小贫富差距，从而提高社会的消费倾向即居民消费需求。

图5-1中，C_1为纳税人当前的即期消费需求，C_2为纳税人远期消费需求，纳税人既定的可支配收入一部分用于即期消费，余额用于储蓄并以财产存量的形式成为远期消费需求的来源。征收财产税前的预算线为YA_1，无差异曲线为U_1，均衡点为E_1，消费组合为即期消费为C_1^0，财产储蓄（远期消费）为C_2^0。当对财产储蓄C_2征税时，预算约束线下降为YA_2，无差异曲线下降为U_2，均衡点为E_2，消费组合为即期消费为C_1^1，财产储蓄（远期消费）为C_2^1。征收财产税产生的消费组合变化主要表现为两个部分，第一部分是征税所产生的收入效应，即征税减少了居民的实际可支配收入；第二部分是征税所产生的替代效应，即对财产储蓄征税导致居民在储蓄和当期消费之间产生了偏向性的选择，并最终导致消费组合从E_1转为E_2。因此，财产课税在一定程度上具有拉动即期消费需求，调整投资与消费比例的作用，对于增加消费需求对经济增长的贡献具有正效应。要注意的是，替代效应的效果取决于居民的消费偏好或无差异曲线的形状。

① 于宇，陈红民．浅谈个人所得税和社会保障制度对消费的拉动效应[J]．经济视角，2012(3)．

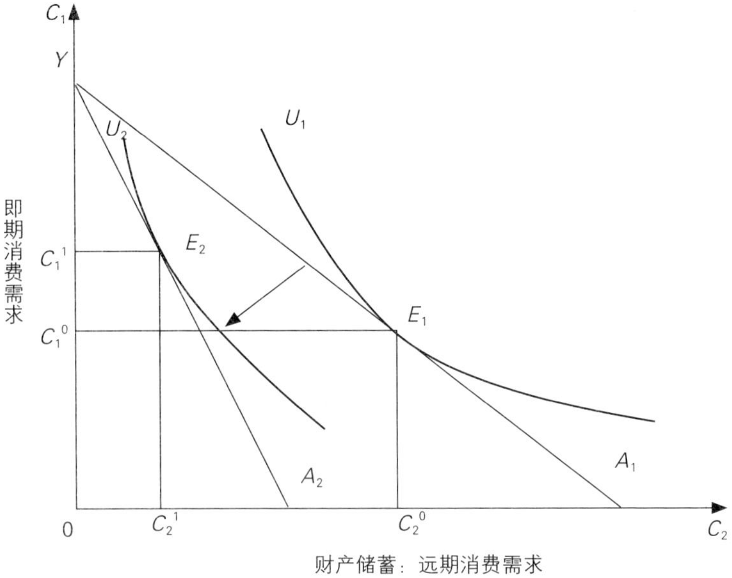

图5-1 财产税对即期消费需求的影响

财产税促进居民消费需求的作用还可从图5-2中得到解读。如图5-2所示，财产存量逆转为收入存量，可以通过在收入取得环节免征个人所得税促进消费；并在取得原始收入环节对个人所得税采用适度累进税促进消费。对财产存量保有环节征收较高累进税，征收较高累进的不动产税和动产税，可促进适当减少财产存量从而促进消费。对收入流量转化为财产存量的交易环节征收较轻比例性质的契税等，可促进交易市场健康发展。[①]

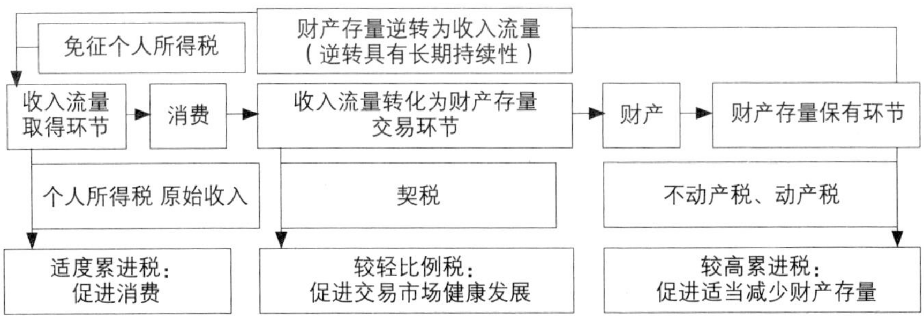

图5-2 拉动居民消费需求的财产税作用

资料来源：钟大能. 我国财产税制改革正当其时——从拉动消费需求、促进经济长期增长的角度分析[J]. 西南民族大学学报（人文社科版），2009（3）.

① 钟大能. 我国财产税制改革正当其时——从拉动消费需求、促进经济长期增长的角度分析[J]. 西南民族大学学报（人文社科版），2009（3）.

5.2.5 其他因素对居民消费需求的影响路径

5.2.5.1 居民收入

通常认为，收入是消费的基础性决定因素。凯恩斯最早提出了绝对收入假说，认为居民的消费支出水平与个人的可支配收入之间存在一种以经验为依据的稳定关系，强调实际消费支出是实际收入的稳定函数。杜森贝提出的相对收入假说认为，消费并不取决于现期绝对收入水平，而是取决于相对收入水平。所谓相对收入主要有两种，一是相对于其他人的收入水平，指消费行为互相影响，本人消费要受他人收入水平的影响，称为“示范效应”或“攀比效应”；二是相对于本人的历史最高收入水平，指收入降低后，消费不一定马上降低，一般称为“习惯效应”。弗里德曼提出的持久收入假说则认为，消费支出既不取决于现期收入的绝对水平，也不取决于现期收入与以前最高收入的关系，而是取决于居民的持久收入；他认为，只有持久收入才能影响人们的消费，消费是持久收入的稳定函数[①]。莫迪利亚尼的生命周期假说认为，消费者的消费支出不取决于现期收入，而是取决于一生的劳动收入和财产收入，或者说与其一生所拥有的财富直接相关[②]。由此可见，尽管学界对到底是哪种收入影响着居民的消费需求有不同意见，但总体上均认可居民收入水平是影响消费需求的重要因素。

5.2.5.2 政府支出

关于政府支出对居民消费的影响，凯恩斯学派认为，政府支出可以通过乘数效应带来产出的成倍增长，并通过消费函数带动居民消费；而新古典宏观经济学派认为，政府支出增加会导致税负上升从而减少行为人的预期收入，其对居民消费的影响是负面的。为此，学界深入分析了政府支出对居民消费的挤出或挤入效应。比如，Bailey（1971）[③]构造了有效消费函数，对政府支出与个人消费支出之间可能存在的替代性和互补性进行了分析，结果表

---

① 邹蓉. 税收政策促进居民消费需求的路径选择[J]. 财经问题研究，2012(2).
② 牛似虎. 收入差距对于我国城乡居民消费影响的实证分析[J]. 中央财经大学学报，2012(3).
③ Bailey, Martin J. National Income and Price Level[M]. New York McGraw-hill, 1962.

明二者之间具有互补关系；Karras（1994）[①]发现政府支出与居民消费之间存在互补关系；Kormendi（1983）[②]的研究表明，居民消费与政府支出之间存在替代关系。但是，Mountford 和 Uhlig（2002）[③]认为政府支出对居民消费的挤出效应并不存在；Feldstein（1982）[④]将政府支出引入消费函数，证明政府支出对居民消费支出没有影响；Ho（2001）[⑤]发现单一国家中政府支出与居民消费之间并不存在规律性的结果。国内方面，胡书东（2002）[⑥]的研究表明，政府支出与居民消费存在正相关；李广众（2005）[⑦]的研究表明，政府支出与居民消费之间存在互补关系；张治觉和吴定玉（2007）[⑧]的分析表明，总体上看政府支出对居民消费会产生引致效应；赵蓓和战岐林（2010）[⑨]的研究表明，扩大政府支出对居民消费具有正向影响；李普亮和郑旭东（2014）[⑩]的研究表明，财政民生投入对城镇居民消费产生了"挤入"效应，在短期内城镇居民消费与同期财政民生投入呈现正相关关系；因此，国内研究大部分说明政府支出对居民消费具有挤入效应。实际上，本书认为，国家财政支出对于居民消费支出的挤入效应，一方面是直接促进居民进一步消费，另一方面是政府支出能够替代居民的某些支出，从而增大居民的其他消费支出。比如，国家不断增加对社会保障、医疗卫生等方面的支出，就能够在一定程度上降低居民在该项目上的支出，从而将其收入用到一般性的消费支出项目上去。当然，国家财政支出也可能具有一定的挤出效应。比如，国家不断增加社会保障和医疗卫生支出，虽在很大程度上能够提高城乡居民的社会保障水平和医疗卫生服务水平，但在"国家出一点、企业出一点、个人出一点"的筹资模式下，城乡居民也会相应增加该项目上的支出，从而挤占居民的消费

① Karras, G. Government Spending and Private Consumption: Some International Evidence[J]. Journal of Money: Credit and Banking, 1994 (23): 9 -22.

② Kromendi, R. C. Government Debt, Government Spending and Private Behavior[J]. American Economic Review, 1983(73).

③ Mountford, Andrew & Uhlig Harald. What are the Effects of Fiscal Policy Shocks ?[J]. Cepr Discussion Papers, 2002(24).

④ Feldstein, Martin S. Government Deficits and Aggregate Demand[J]. Journal of Monetary Economics, 1982(9): 1-20.

⑤ Ho, Tsung-wu. The Government Spending and Private Consumption: A Panel Integration Analysis[J]. International Review of Economics and Finance, 2001(10): 95-108.

⑥ 胡书东. 中国财政支出和民间消费需求之间的关系[J]. 中国社会科学, 2002(6).

⑦ 李广众. 政府支出与居民消费: 替代还是互补[J]. 世界经济, 2005(5).

⑧ 张治觉, 吴定玉. 我国政府支出对居民消费产生引致还是挤出效应——基于可变参数模型的分析[J]. 数量经济技术经济研究, 2007(5).

⑨ 赵蓓, 战岐林. 税收、政府支出与消费变动的关系——基于省际面板数据的实证分析[J]. 当代财经, 2012(11).

⑩ 李普亮, 郑旭东. 税收负担、财政民生投入与城镇居民消费[J]. 税务与经济, 2014(1).

性支出。

另外，一般认为居民的储蓄水平越高，会降低其消费水平，而且，不少学者将我国较低的居民消费水平归因于较高的储蓄动机。

5.3 我国居民消费需求的基本格局

5.3.1 消费在社会再生产中的地位

消费需求是拉动经济发展至为重要的力量。按照马克思主义的经济学理论，在社会再生产的四个环节中，生产是决定性的环节，决定着交换、分配与消费；而其他环节也在一定程度上反作用于生产，对其产生影响。只有产品或者商品进入最后消费环节，实现了“惊险的跳跃”，整个生产过程才算完成，再生产才能顺利进行。因此，在一定意义上可以说，没有消费就没有经济发展。尽管投资是社会再生产的启动环节，但投资的结果必须要接受消费的检验。消费对社会生产或投资的检验，既有直接检验，如直接生产消费品的行业，其产品能否被消费者接受；也有间接检验，如生产投资品的行业，其产品能否成为有效的生产资料。

现实地看，社会生产活动的目的在于消费，如果社会生产活动的产品不能被民众消费，必然导致为生产而生产，最终必将导致经济危机。因此，马克思把消费置于十分重要的地位，而且用消费不足来说明经济危机的产生：资本家为了获取更多利润，一方面最大限度地提高剩余价值率，另一方面最大限度地压低工人工资。然而，由于工人不仅是生产者，同时也是消费者，当作为消费者的工人消费不起时，相对过剩的危机就爆发了。

凯恩斯反对古典经济学生产第一的定位模式，主张将消费放在经济运行的第一位。他认为，如果不消费，生产还有什么意义呢？因此，他认为，有效需求不足是经济危机发生的前兆。导致有效需求不足的原因，一是没有消费能力或充足的资金；二是由于预期未来挣不到收入，故而即使现期有一定收入也不敢消费。凯恩斯主张通过扩张性的财政政策，并且发挥政府投资的乘数效应，解决就业和收入问题，振奋人们的信心，提高整个社会的消费倾向，最终遏制经济下滑，推动经济发展。其中，扩张性的财政政策只是一种手段，最终还是要落在消费上。如果投资不能最终转化为消费，就会造成产能过剩、债务增加、经济萧条。消费是市场行为，是社会经济循环的最终环节。投资虽然具有推动经济发展和增加GDP的作用，但依然是中间环节。由投资所带来的产品和GDP的增加有可能转化为最终消费，但也有可能最终不被消费环节所接受。如果投资形成的产品最终不被社会所接受，就会造成重复建设、产能过剩、资源浪费等。[①]事实上，我国经济结构转型及转变经济发展方式的落脚点就是要从消费出发并服务于消费，让消费者做出最终的决策。

但在传统观念的影响下，我国的居民消费水平长期偏低，未能对国民经济的持续稳定发展提供有效的支撑。相反，西方发达国家的居民消费水平却相当的高，有力地支持了其国内社会生产活动。因此，我国亟须不断提高居民消费支出水平，提升其对社会生产活动的影响，提高其对国民经济发展的贡献率和拉动率。

5.3.2 我国消费需求的变动情况

自改革开放以来，我国社会经济飞速发展，GDP呈高速增长态势，社会消费支出不断上升，支出法GDP从1978年的3605.6亿元（当年价，下同）上升为2013年的586673.0亿元，上升了161倍，年均增长率为14.75%。最终消费支出从1978年的2239.1亿元上升为2013年的292165.6亿元，增长了129倍，年均增长率为14.07%；而居民消费支出从1978年的1759.1亿元上升为2013年的212187.5亿元，上升了119倍，年均增长率为13.82%。可见，我国的最终消费支出及居民消费支出没有能够与GDP实现同步增长，由此导致我国最终消费率及居民消费率呈逐年下降趋势。具体来说，1978年我国最终消费率为62.10%，1993年跌至60%以下，1999—2001年间短暂回升到60%以上，但随后进一步回落，至2007年更是跌到50%以下；居民消费率1978年为48.79%，在改革开放后的大部分年度中均在40%～50%间徘徊下降，2005年跌到40%以下并维持至今（见表5-1）。

① 李义平. 消费的重要性[EB/OL]. http://blog.sina.com.cn/s/blog_5fc2cecf0100e010.html.

表5-1　　我国历年最终消费支出与居民消费支出及消费率

年份	GDP（亿元）	最终消费支出（亿元）	最终消费率（%）	居民消费支出（亿元）	居民消费率（%）
1978	3605.6	2239.1	62.10	1759.1	48.79
1980	4592.9	3007.9	65.49	2331.2	50.76
1985	9076.7	5986.3	65.95	4687.4	51.64
1995	63216.9	36748.2	58.13	28369.7	44.88
2000	98749.0	61516.0	62.30	45854.6	46.44
2001	109028.0	66933.9	61.39	49435.9	45.34
2002	120475.6	71816.5	59.61	53056.6	44.04
2003	136613.4	77685.5	56.87	57649.8	42.20
2004	160956.6	87552.6	54.40	65218.5	40.52
2005	187423.4	99357.5	53.01	72958.7	38.93
2006	222712.5	113103.8	50.78	82575.5	37.08
2007	266599.2	132232.9	49.60	96332.5	36.13
2008	315974.6	153422.5	48.56	111670.4	35.34
2009	348775.1	169274.8	48.53	123584.6	35.43
2010	402816.5	194115.0	48.19	140758.6	34.94
2011	472619.2	232111.5	49.11	168956.6	35.75
2012	529399.2	261993.6	49.49	190584.6	36.00
2013	586673.0	292165.6	49.80	212187.5	36.17

数据来源：《中国统计年鉴（2014）》。

在最终消费支出中，居民消费支出占比大部分时期均维持在70%～80%之间，且呈下降趋势。1978年居民消费支出占比为78.6%，到2000年后下降到75%以下，2013年则为72.6%；而同期政府消费支出则呈相反的变动趋势，表明政府在最终消费中的地位不断提升。在居民消费支出中，农村居民消费与城镇居民消费占比发生了逆转，1978年农村居民消费占比为62.1%，1990年下降到50%以下，1995年开始下降到40%以下，2003年下降到30%以下，而同期城镇居民消费占比则不断上升（见表5-2）。城乡居民消费占比的变化，一是反映了城市化水平不断提升所带来的城镇居民数量的增加及其消费总额的增加，二是反映了城乡收入差距的扩大及由此体现的消费占比的扩大。

表5-2　　我国历年最终消费支出的内部结构

年份	居民消费支出（亿元）	政府消费支出（亿元）	居民消费支出占比（%）	政府消费支出占比（%）	农村居民消费占比（%）	城镇居民消费支出占比（%）
1978	1759.1	480.0	78.6	21.4	62.1	37.9
1980	2331.2	676.7	77.5	22.5	60.5	39.5
1985	4687.4	1298.9	78.3	21.7	59.9	40.1
1990	9450.9	2639.6	78.2	21.8	49.6	50.4
1995	28369.7	8378.5	77.2	22.8	39.7	60.3
2000	45854.6	15661.4	74.5	25.5	33.0	67.0
2001	49435.9	17498.0	73.9	26.1	31.9	68.1
2002	53056.6	18759.9	73.9	26.1	30.7	69.3
2003	57649.8	20035.7	74.2	25.8	28.3	71.7
2004	65218.5	22334.1	74.5	25.5	27.1	72.9
2005	72958.7	26398.8	73.4	26.6	27.4	72.6
2006	82575.5	30528.4	73.0	27.0	26.4	73.6
2007	96332.5	35900.4	72.9	27.1	25.1	74.9
2008	111670.4	41752.1	72.8	27.2	24.8	75.2
2009	123584.6	45690.2	73.0	27.0	23.5	76.5
2010	140758.6	53356.3	72.5	27.5	22.7	77.3
2011	168956.6	63154.9	72.8	27.2	23.1	76.9
2012	190584.6	71409.0	72.7	27.3	22.6	77.4
2013	212187.5	79978.1	72.6	27.4	22.2	77.8

数据来源：《中国统计年鉴（2014）》。

5.3.3 居民消费需求的国际比较

从国际比较的角度看，我国的居民消费率不仅低于西方发达国家，而且低于世界平均水平及其他金砖国家。根据《国际统计年鉴（2012）》提供的数据，2009年我国大陆地区的居民消费率仅高于澳门地区（26.4%），2010年仅高于老挝（36.3%）和新加坡（37.4%），而同期大部分OECD国家的居民消费率均在60%以上，美国、土耳其等的消费率超过70%，是中国的2倍以上（见表5-3）。

表5-3　　　　主要国家和地区历年居民消费率

单位：%

国家或地区	1990年	2000年	2005年	2008年	2009年	2010年
中国香港	57.1	59.0	58.2	61.0	62.4	62.2
中国澳门	39.2	40.3	27.7	22.4	26.4	—
孟加拉国	86.2	77.7	76.4	78.9	77.5	76.0
印度尼西亚	58.9	60.7	62.7	62.7	56.6	56.8
以色列	55.6	53.4	55.4	58.4	57.0	58.2
老　挝	—	79.1	77.0	46.7	43.3	36.3
蒙　古	68.7	69.6	55.2	54.3	58.1	52.8
巴基斯坦	73.8	75.4	77.0	76.5	80.5	80.6
菲律宾	71.5	72.2	75.0	74.3	74.7	71.6
斯里兰卡	75.9	72.1	69.0	70.0	64.4	73.4
泰　国	56.8	57.2	57.8	56.0	54.8	53.7
越　南	84.3	66.4	62.5	69.4	65.9	65.6
埃　及	72.6	75.9	71.6	72.3	76.3	80.6
南　非	57.1	63.0	63.1	61.8	60.3	56.9
墨西哥	69.6	67.0	67.0	64.8	67.7	68.4
美　国	66.6	69.0	70.1	70.7	71.2	—
阿根廷	77.1	70.7	60.8	59.5	58.5	69.2
巴　西	59.3	64.4	60.3	58.9	61.7	64.2

续表

国家或地区	1990年	2000年	2005年	2008年	2009年	2010年
委内瑞拉	62.1	51.8	46.8	53.5	64.2	63.7
波　兰	48.0	63.1	62.5	60.9	60.7	64.2
俄罗斯联邦	48.9	46.2	49.4	47.8	53.4	51.3
土耳其	68.7	70.5	71.7	69.9	71.5	—
乌克兰	57.1	54.4	57.9	63.9	65.4	65.5

资料来源：《国际统计年鉴（2012）》。

5.3.4 扩大居民消费需求的障碍

5.3.4.1 居民储蓄倾向超强导致消费率偏低

长期以来，我国城乡居民较高的储蓄率提升了全社会投资的可能空间，但却在一定程度上抑制了居民消费水平和消费率的提高。事实上，引致居民超强储蓄倾向的原因在于我国居民所具有的超强预防动机。伴随着“居者有其屋”的住房改革不断推进和住房价格的不断飙升，普通民众对下一代住房的预防性支出安排不断加大，极大地抑制了一般性消费需求。与之相似的是，大学教育、高中教育等非义务教育支出不断扩大，普通民众对此难以承受；特别是近年来国内高等教育的满意度有所下降，因而部分居民还需为子女的留学费用做出预防性安排。另外，由于医疗费用偏高且“养儿防老”机制的失灵，民众必须为医疗、养老等做出必要的安排，由此导致了超强的储蓄倾向。住房、教育、医疗、养老等方面的预防性动机引致的超强储蓄倾向，造成居民即使有一定的财富或收入，但也不敢安排较高的消费水平，其消费率自然难以得到提升。另外，国人对财富积累的极度追求也在一定程度上导致了超强的储蓄倾向；比如在股市火爆的市场环境下，老百姓大多节衣缩食省出生活费往股市里投资；在住房价格飞涨的年代，老百姓更愿意缩减日常开支来筹集可投资于住宅的资本。

5.3.4.2 政府民生性支出未能有效提高居民消费需求

从理论上讲，政府民生性支出能够在一定程度上提高居民消费需求，但现实的情况却难如人意。21世纪以来我国不断加大民生性投入，对于提高居民消费需求起到了一定的作用。比如，国家不断扩大政府奖助贷资金的规模和范围，积极实施免费义务教育制度；改革医疗卫生制度，实施城镇居民医疗保险、新型农村医疗保险制度，缓解民众“看病难、看病贵”；推进养老保险制度并轨改革，提高养老保障能力；加大廉租房、公租房建设力度，保障低收入群体的居住权益。但实际上，老百姓并没有因为政府加大民生性投入而减少对子女教育、医疗养老、住房等项目的资金支出，且在一定程度上减少了其他生活性支出的安排。比如，尽管国家实施免费义务教育，但义务教育的内容较少、标准较低，孩子们在学校素质教育中“吃不饱”，迫使城乡居民出资让子女参加各种各样的兴趣班。再如，国家虽然实施城镇职工医疗保险、城镇居民医疗保险和新型农村合作医疗保险为核心的医疗保险制度，但遭遇重大疾病时老百姓仍然束手无策；在国家大力推行廉租房、公租房的背景下，仍然存在大量城乡居民无法觅得合适的居所。试想在如此背景下，老百姓又如何提高其消费需求呢?

5.3.4.3 居民消费结构升级有待逐步展开

扩大居民消费需求，不仅要提高城乡居民的消费水平，而且要逐步升级城乡居民的消费结构。伴随着城乡居民收入水平的提高，提高居民消费需求需要从保证基本生活水平转移到改善居民消费质量，即从单纯的生活必需品转移到居住环境、旅游、文教娱乐等方面。但由于国内旅游市场不完善，景点品质及服务质量参差不齐，在一定程度上将部分高端消费者挤出到国外旅游市场；类似的是，国内文化娱乐场所及产品质量总体上与国外同类产品存在一定差距，致使民众难以享受到高质量的文教娱乐产品。与此同时，还需要大力培育农村消费市场，提升农村居民消费结构，大力挖掘农村消费市场潜力。

5.4 实证分析

5.4.1 模型设计

根据消费经济学理论，通常的消费函数为：

$$C_t = \alpha + \beta Y_t$$

式中：C_t——居民消费水平；

Y_t——收入水平；

α 和 β——参数。

为简化分析，我们认为税制结构影响消费的方式主要是通过增值税、消费税等影响商品的价格水平，进而影响其实际收入水平；或是通过个人所得税、财产税等影响居民的实际收入水平。因此，上述消费函数可以进一步修正为：

$$C_t = \alpha + \beta Y_t(T, X) \tag{5-1}$$

式中：T——税收因素；

X——其他因素。

为了进一步展开计量分析，本书设定模型的对数形式如下：

$$\ln C_t = \alpha + \beta \ln Y_t + \phi \ln V_t + \varphi \ln U_t + \xi_t \tag{5-2}$$

式中：C——消费水平；

Y——收入水平；

V——税制结构因素；

U——其他控制变量；

t——时间；

ξ——白噪声误差项。

5.4.2 变量选择

5.4.2.1 被解释变量

关于消费需求，既可以考虑全社会对实物的消费量，也可以考虑全社会所消费实物的价值；既可以考虑绝对额，还可以考虑相对额指标。为了防止绝对额指标可能带来的计量偏差影响，本书采用相对额指标，即以居民消费率作为衡量消费需求的指标。

5.4.2.2 控制变量

关于收入水平，可以考虑的指标包括城镇居民家庭人均可支配收入、农村居民家庭人均纯收入等绝对额指标，但考虑到本书不对城镇和农村分别研究，故而选择了劳动报酬占GDP的比重来代表国内城乡居民的收入水平。

关于国家财政支出，本书考虑了国家社保支出占财政支出的比重和医疗卫生支出占财政支出的比重作为代表。关于居民的储蓄水平，本书以城乡居民的存款增加量与当年GDP之比作为代表。同时，考虑到本书的研究重点是税制结构，故而将宏观税收负担作为控制变量，以税收收入占GDP的比重作为代表。

5.4.2.3 解释变量

本书研究税制结构对居民消费的影响，故将税制结构作为解释变量。本书借鉴OECD和IMF的税收制度分类方法，将国家税收分为四类，分别是货劳税、所得税、财产税和其他税，即将上述四类税作为解释变量。同时，考虑到主要税种对居民消费的影响较大，故还将增值税、消费税、营业税、企业所得税和个人所得税作为解释变量（见表5-4）。

表5-4 变量设定

类型	名称	符号	定义
被解释变量	居民消费率	*HCR*	居民消费支出占GDP的比重
控制变量	劳动报酬占比	*CE*	劳动报酬占GDP的比重
	宏观税收负担	*TBR*	税收收入占GDP的比重
	居民储蓄	*SR*	城乡居民新增储蓄占GDP的比重
	社保支出	*ESS*	国家社保支出占财政支出的比重
	医疗卫生支出	*HCS*	国家医疗卫生支出占财政支出的比重
解释变量	货劳税	*GST*	货劳税收入占税收收入的比重
	所得税	*IT*	所得税收入占税收收入的比重
	财产税	*PT*	财产税收入占税收收入的比重

续 表

类型	名 称	符 号	定义
解释变量	其他税	*OT*	其他税收入占税收收入的比重
	增值税	*VT*	增值税收入占税收收入的比重
	营业税	*BT*	营业税收入占税收收入的比重
	消费税	*CT*	消费税收入占税收总收入的比重
	企业所得税	*EIT*	企业所得税收入占税收收入的比重
	个人所得税	*IIT*	个人所得税收入占税收收入的比重

5.4.3 数据来源

数据来源于历年《中国统计年鉴》《中国财政年鉴》和《中国税务年鉴》，数据区间为1994—2010年。要说明的是，《中国统计年鉴》仅公布了分地区生产总值的收入法构成，并没有公布全国GDP的收入法构成，故劳动报酬占比是分地区劳动报酬之和占全国GDP的比值。由于《中国统计年鉴》和《中国财政年鉴》的税收收入数据缺乏详细的分税种数据，而《中国税务年鉴》缺乏关税数据，故本书将《中国税务年鉴》的税收收入数据与《中国财政年鉴》的关税数据相加得到全国税收收入数据，并以此为基础计算税制结构。由于各指标均采用的是相对值，故无须进行价格平减（见表5-5）。

表5-5　　　　变量统计描述

变量	均值	中值	最大值	最小值	标准差	样本数
HCR	41.47	43.50	46.44	33.80	4.545538	17
CE	48.20	49.80	53.40	39.61	4.825436	17
SR	10.21	10.60	14.44	4.12	2.938741	17
ESS	5.89	6.30	10.94	1.54	3.401074	17
HCS	3.84	3.84	5.35	2.88	0.789717	17
TBR	14.57	14.71	19.80	9.17	3.825593	17
GST	73.95	75.01	79.73	67.44	3.716483	17
IT	21.16	21.58	27.59	15.40	4.275899	17

续 表

变量	均值	中值	最大值	最小值	标准差	样本数
PT	2.30	2.25	2.96	1.90	0.325828	17
OT	2.60	2.36	4.88	0.72	1.53725	17
VT	43.69	43.14	47.20	39.60	2.321419	17
CS	7.25	6.86	10.51	4.67	1.974036	17
BS	14.44	13.94	17.93	12.79	1.559775	17
EIT	15.65	14.62	20.45	11.58	2.621576	17
IIT	5.10	6.11	6.84	1.49	1.745991	17

5.4.4 实证结果及分析

5.4.4.1 控制变量的实证效果及分析

在模型的回归过程中（见表5-6），模型1仅考虑了5个控制变量，其调整的R^2达到了99%，F值为796.3938，说明模型具有较强的解释力，证实了消费经济学的理论分析结果。事实上，在全部7个模型中，本书设置的5个控制变量都非常具有解释力。

其中，劳动报酬占比指标的系数全部为正，且均能在1%的水平上通过显著性检验，说明居民收入水平的上升确实能够提高居民的消费率，与理论分析的结论是相符的。医疗卫生支出占比的系数为负，且均能在1%的水平上通过显著性检验；社保支出占比的系数为负，除模型4和模型7之外均能在1%～10%的水平上通过显著性检验，说明我国医疗卫生支出和社保支出的增加在不同程度上增加了民众的该类支出，从而挤出了其消费性支出。居民储蓄指标的系数为负，且除模型5以外均能在1%的水平上通过显著性检验，说明我国居民储蓄的上升在一定程度上挤出了消费。宏观税收负担指标的系数为负，且各模型均能在1%的水平上通过显著性检验，表明我国税收负担的上升会影响居民消费水平的提高。

表5-6 数据回归结果

变量	模型1	模型2	模型3	模型4	模型5	模型6	模型7
C	2.832977 * * * (15.74229)	3.834871 * * * (12.48741)	2.741264 * * * (20.98831)	2.832434 * * * (13.86777)	2.802747 * * * (17.11835)	3.422805 * * * (9.518870)	2.665531 * * * (18.62072)
ln*CE*	0.446450 * * * (13.48033)	0.453725 * * * (19.63048)	0.456398 * * * (19.25218)	0.446673 * * * (9.440143)	0.435984 * * * (14.28986)	0.461488 * * * (14.40529)	0.478861 * * * (17.27914)
ln*ESS*	−0.026279 * (−2.191733)	−0.026612 * * * (−3.192468)	−0.019385 * (−2.215041)	−0.026183 (−1.402055)	−0.028659 * * (−2.622054)	−0.023042 * * (−2.415690)	−0.015486 (−1.665116)
ln*HCS*	−0.243873 * * * (−25.28100)	−0.261833 * * * (−31.23984)	−0.245605 * * * (−35.74126)	−0.243732 * * * (−10.75517)	−0.260485 * * * (−20.79713)	−0.244652 * * * (−12.79033)	−0.251931 * * * (−27.40185)
ln*SR*	−0.030163 * * * (−5.405026)	−0.022047 * * * (−4.904081)	−0.031619 * * * (−7.930136)	−0.030161 * * * (−5.148300)	−0.015677 (−1.682379)	−0.025491 * * * (−4.740737)	−0.032600 * * * (−8.385796)
ln*TBR*	−0.154664 * * * (−4.414755)	−0.185382 * * * (−7.177568)	−0.223929 * * * (−6.990133)	−0.154839 * * * (−3.476667)	−0.133961 * * * (−3.983323)	−0.190622 * * * (−6.484566)	−0.216167 * * * (−7.551826)
ln*GST*		−0.219178 * * * (−3.572304)					
ln*IT*			0.076247 * * * (3.434280)				
ln*PT*				−0.000244 (−0.006952)			
ln*OT*					0.011521 * (1.850101)		
ln*VT*						−0.104229 (−1.768224)	
ln*BT*						−0.045826 (−1.723538)	

续 表

变量	模型1	模型2	模型3	模型4	模型5	模型6	模型7
ln*CT*						−0.026700 * (−1.983241)	
ln*EIT*							0.071026 * * * (3.685588)
ln*IIT*							0.006161 (0.758647)
Adjust R^2	0.995993	0.998063	0.997978	0.997245	0.996716	0.998008	0.998169
F-statistic	796.3938	1375.384	1316.877	603.3315	810.4108	1003.018	1247.389

5.4.4.2 解释变量的实证效果及分析

在解释变量方面，本书借鉴Arnold（2008）[①]、刘海庆和高凌江（2011）[②]等的研究方法，在估计方程的税收变量参数中，一次忽略一种或多种税收变量，从而估计剩余税收变量对消费的影响效果。该方法假定，那些被忽略的变量与本模型没有相关关系，或者说被忽略的税系（税种）在残差中得以体现。在假定税收负担既定的情况下来考察税制结构的影响，即每一种税系（税种）下降(或上升)都用另一种或多种税收的上升(或下降)来弥补而税收总额保持恒定。使用这种估计方法可简便地估算出每一种税的单位量改变对居民消费的影响。在模型2～7中，加入解释变量后的模型调整后R^2均较模型1有所上升，说明模型2～7均比模型1更为有效，解释结果更稳健。

在模型2～5中，货劳税占比的系数为负，且在1%的水平上通过显著性检验，表明货劳税占税收收入的比重上升，将导致居民消费率的下降；所得税系占比的系数为正，且在1%的水平上通过显著性检验，表明所得税占税收收入的比重上升，将能够提高居民的消费率；财产税占比的系数为负，但统计上并不显著；其他税占比的系数为正，在10%的水平上显著，表明增加其他税的比重能够在一定程度上提高民众的消费率。可见，实证结果证实了理论分析的基本结论，即货劳税会降低居民消费支出，而所得税能够在一定程度上提高居民消费支出；同时，实证结果也说明，我国的财产税对居民消费支出具有负面影响，而不是学界一般认为的正面影响。

在模型6中，增值税、营业税和消费税占比的系数均为负，这与货劳税系的符号是一致的；其中，增值税的影响最大，系数为-0.104，营业税的影响次之，系数为-0.045，消费税的影响最小，系数为-0.026。但要注意的是，除消费税的系数在10%的水平上显著外，增值税和营业税的系数均不显著。增值税的负面影响最大，主要是由于它在税收收入中的比重最大，其大部分通过价格机制转嫁给消费者，从而在很大程度上降低了消费者的可支配收入，并在很大程度上改变了居民消费与储蓄之间的偏好，进而降低了其消费需求。

在模型7中，企业所得税和个人所得税的系数均为正，与所得税系的符号

① Arnold J. Do Tax Structures Affect Aggregate Economic Growth? Empirical Evidence from a Panel of OECD Countries[R]. Paris: OECD Economics Department, 2008(51).

② 刘海庆，高凌江．税制结构与经济增长关系的实证研究[J]．东北大学学报（社会科学版），2011(6).

是一致的；其中，企业所得税的系数为0.071，个人所得税的系数为0.006，且前者能够在1%的水平上通过显著性检验，而后者则无法通过显著性检验。显然，我国的个人所得税并没有显著降低居民的可支配收入，从而对其消费需求产生较大的负面影响；相反，个人所得税在一定程度上缓解了收入分配的矛盾，从而在一定意义上提高了整个社会的消费倾向及消费需求。

5.4.4.3 实证结论

从实证结果来看，我国以货劳税为主的非均衡性税制结构确实导致了居民消费需求的持续下降。其中，货劳税占比每上升1个百分点，消费率就会下降0.22个百分点；而所得税占比每上升1个百分点，消费率会上升0.07个百分点；财产税占比上升1个百分点，消费率会有细微下降，说明财产税的收入效应强于其替代效应。由此可见，扩大内需、刺激居民消费，应逐步降低货劳税占全部税收收入的比重，并相应提高所得税占全部税收收入的比重，从而调整和优化我国的税制结构。

实证结果表明，消费税对居民消费的负面影响最小，意味着在货劳税整体税负不变的情况下，我国可以逐步扩大消费税的征收范围，加大征收力度，提高消费税在货劳税内部的占比。实际上，近年来我国消费税的改革进展滞后于经济发展，一方面，部分“奢侈品”已经进入寻常百姓家，对其征税仅有财政意义而缺乏对居民消费的调节作用，可以考虑取消对其征税；另一方面，我国对不可再生的资源性产品和能源性产品开征消费税却进展缓慢，对我国走可持续的经济发展道路形成了较大的障碍。在全球寻求低碳发展模式的背景下，对上述产品开征消费税已经迫在眉睫，而且由此带来的消费税规模的上升能够减轻增值税和营业税对居民消费的影响。

就所得税而言，企业所得税对于提高居民消费需求具有较好的作用效果，主要是由于它不直接抬升商品价格，从而对于消费者具有幻觉效应。个人所得税的征收会直接降低可支配收入，从而影响个人消费，但个人所得税的征收能够在一定程度上缩小收入分配差距，提高整个国家的消费倾向，从而提高全社会的居民消费率。因此，在降低货劳税占税收收入比重的条件下，稳步提高所得税的比重对于刺激我国的消费需求具有非常重要的意义。

6. 税制结构与价格形成机制

6.1 相关文献回顾

近年来，国内物价水平不断上升，消费需求不断受到打压，税收与物价之间的关系开始重新回到学界及广大民众的视界之中。

6.1.1 早期的研究成果

关于税收与物价之间的关系，国内学术界早期的研究重点有两个：一是讨论税金是否属于商品价格的组成部分；二是探讨价内税与价外税对商品价格的影响。比如：

贾克诚（1984）[①]指出，税金是在价值之外的一个加量，是商品价值之外的一个独立因素；而王国清和刘欣（1985）[②]则指出，税金不仅是商品价格的合理部分而且是价值的有机组成部分。

袁源（1990）[③]认为，坚持出厂价只是成本加利润才能明确划分价税关系，避免将流转税与企业利润混同；而在产品起步走向市场时，课征于商品的间接税将随着产品向商品的转化而得到实现，即出厂价=成本+利润，批发

① 贾克诚. 关于价格与税收的几个问题[J]. 经济研究，1984(9).
② 王国清，刘欣. 税金是商品价值的有机组成部分[J]. 经济研究，1985(6).
③ 袁源. 理顺税价关系对流转税实行价外税改革[J]. 中国物价，1990(3).

价=出厂价+流转税。他认为，实行价内税使纳税主体模糊，价内税的管理方式不利于贯彻价值规律，价内税使得增值税不伦不类，难以发挥其应有的作用，价内税管理使得税价关系难以分清，因此他主张实行价外税对流转税制度进行改革。

侯梦蟾（1995）[①]讨论了1994年税制改革后增值税、消费税等的价税关系问题，认为价内税的消费税与价外税的增值税之间存在较为混乱的逻辑关系。他指出，消费税的计税价格是含税价格（含消费税）；增值税的计税价格为不含税（增值税）价格，但其价格却包含消费税；由于增值税是对增值额课税，于是他问“消费税是否属于增值额？”另外，他还分析了新税制的价格效应问题，即增值税由过去的差别税率变为相对单一的税率（17%和13%），不同产品的税负必然有升有降，从而对产品价格产生相应的影响。

袁振宇和高培勇（1996）[②]认为，在计划经济体制下商品价格的形成与税率的设计之间存在一种相互制约的关系：内含于计划价格之中、作为计划价格组成要素之一的税收的高低变化，或是与计划价格的调整同步进行，或是仅仅引起企业利润的伸缩；虽然表面上高税伴随着高价，低税伴随着低价，但高税和低税并不是高价和低价的“因”，高价和低价也不是高税和低税的“果”；而更一般的情形是，计划价格制定在先，而税率安排在后，且前者决定后者。因此，他们认为，社会主义市场经济条件下的税价关系不同于计划经济体制下的税价关系，忽视二者的关系而谈论价内税与价外税所带来的经济影响，可能产生似是而非的结论。

6.1.2 近期的研究成果

近期的研究重点则是讨论市场经济条件下税收与价格的相互影响关系。比如：

谢金华（2004）[③]指出，价税体系包括三个方面的内容，一是价税组成关系；二是价税运行中两者相互作用影响从而变动的关系、机理和状况；三是国家为实现一定的社会经济政治目标，运用价税作用机理建立的用以对两者的运行进行调控的组织体系和制度。

---

① 侯梦蟾. 新税制运行中价税关系的几个问题[J]. 财贸经济, 1995(2).
② 袁振宇, 高培勇. 论社会主义市场经济下的税价关系[J]. 税务研究, 1996(6).
③ 谢金华. 构建系统合理的价税体系[J]. 江西财经大学学报, 2004(1).

吴旭东（2003）[①]探讨了在不同的供求弹性条件下价格影响流转税、所得税的机制，分析了计划经济和市场经济条件下税收对价格的影响机制，并探讨了税收与价格相互作用调节生产、消费，保护民族工商业和调节资源级差收入等问题。

张伦俊（2001）[②]探讨了税收与价格之间的相互影响关系。他认为，价格水平对税收收入的影响不可低估，1986—1997 年GDP 平减物价指数年均上升8.8%，因物价因素带动的税收增量占同期税收增量的63.7%；在市场经济条件下，税收只是影响价格的因素之一，主要表现为一定程度上对价格总水平的推动作用，且随着价格形成越来越多地依赖于市场机制，流转税对价格的影响程度会越来越小。而顾惠祥和袁莹（2008）[③]认为，实际GDP增长是税收收入增长的主要因素，而价格变动影响税收收入增加额所占的比重年均仅为15%。

熊鹭（2011）[④]利用月度数据建立结构向量自回归模型（SVAR），具体分析了增值税、营业税、企业所得税和物价之间的相互影响，并通过建立向量误差修正模型（VEC），进一步分析了税收与消费者价格指数（CPI）之间的关系；她认为，税收变动对消费者价格指数有一定影响，但影响程度较轻、时期较短，故税收不是消费者价格指数的主要决定因素。她进一步指出，在中国减间接税和增直接税有利于抑制通货膨胀，减税而不是增税有利于抑制通货膨胀；通货膨胀会导致实际税收增加，通货紧缩会导致实际税收减少。

高培勇（2011）[⑤]指出，中外税制结构差异对于商品价格以及消费者行为具有非常重要的影响；他认为，我国全部税收收入中流转税占到70%，远高于国际一般水平，其对价格形成机制和消费者行为产生了巨大的干扰和扭曲。

胡怡建（2011）[⑥]认为，税收虽不是价格上涨的主要因素，但税收与价格之间存在非常紧密的关系，价格上涨引发税收超常增长，而税收超常增长也需要价格上涨来消化。特别是我国的流转税主体结构形成了特殊的价格体系，价格构成中税收占比较高。

---

① 吴旭东. 税收与价格关系若干问题[M]. 大连：东北财经大学出版社，2003.
② 张伦俊. 试析税收与价格的影响关系[J]. 审计与经济研究，2001(4).
③ 顾惠祥，袁莹. 价格变动对税收影响的实证分析[J]. 扬州大学税务学院学报，2008(2).
④ 熊鹭. 对我国税收与价格动态影响关系的实证分析[J]. 税务研究，2011(6).
⑤ 高培勇. 揭开税负与物价关系的面纱[N]. 中国财经报，2011-07-12.
⑥ 胡怡建. 如何看待我国价格持续上涨背后的价税关系[J]. 中国税务，2011(11).

其他研究则讨论了更多税收影响价格的问题，比如房地产税收对住房价格的影响（陈多长和踪家峰，2004[①]），资源性税收对资源性产品价格的影响（李香菊和祝玉坤，2012[②]），烟草税收对烟草价格的影响（吴晓明，2010[③]），等等。另外，刘怡和聂海峰（2005）[④]还讨论了消费者价内税和价外税的选择偏好。

总的来说，现有税价关系理论对税收与价格之间的相互影响机制进行了深入的探讨，取得了相当多的共识，对于推进税收理论研究做出了非常重要的贡献。但比较遗憾的是，现有税价关系理论尚未深入分析税制结构对价格的影响机制，或者说在相同的税收负担条件下不同税种对商品价格的影响机制。本书试图探讨税制结构下的税价关系发生机制，分析税制结构影响我国价格体系的机理，讨论税制结构影响中美商品间价格差异的路径。本书的研究表明，从整体上看税收负担的轻重、税收制度的结构与征管制度的运行状况不会改变社会产品的价值，不会影响整个社会的价格水平；但从单个商品或局部商品而言，较重的税收负担、货劳税为主的非均衡性税制结构、间接化的征管制度会在不同程度上提高产品的价格，从而形成差异性的价格上涨机制，并进而影响社会的总体价格水平。

6.2 税价关系基本理论

6.2.1 马克思价值理论与税价关系

马克思价值理论指出，价值由社会必要劳动时间决定，价格围绕价值波动；价值由$C+V+M$组成，而价格则由成本、利润和税金组成，从而将物价与税收的关系较为紧密地联系在一起。

① 陈多长，踪家峰. 房地产税收与住宅资产价格：理论分析与政策评价[J]. 财贸研究，2004(1).
② 李香菊，祝玉坤. 我国矿产资源价格重构中的税收效应分析[J]. 当代经济科学，2012(2).
③ 吴晓明. 烟草商业垄断中利益相关者的经济学分析——基于卷烟价格决定、投放结构、税收选择的考察[J]. 经济体制改革，2010(3).
④ 刘怡，聂海峰. 价内税和价外税的选择偏好研究[J]. 涉外税务，2005(4).

6.2.1.1 税收的价值来源

按照马克思价值理论，社会产品的价值由$C+V+M$构成；其中，C用以弥补物化劳动的耗费，而V是劳动者再生产的费用，M则为剩余价值。既然C和V仅仅是弥补物化劳动和活劳动的成本费用，只是维持社会简单再生产的费用，故而无法作为课税的来源；因此，在上述价值构成中，税收只能来源于剩余价值M。

劳动者对剩余价值的索取，使其工资中逐渐包含了剩余价值的成分；资本对剩余价值的索取，则使剩余价值隐含于企业利润之中；而国家对剩余价值的索取，使得国家对资本和劳动者所获取的剩余价值均具有征税的权力，即通过征税来分享剩余价值。其中，资本所有者分享剩余价值的渠道比较多。比如，金融资本通过利息渠道分享剩余价值，流通资本从商品买卖价差中分享剩余价值。由此可见，国家不仅可以直接向金融资本所有者（企业）的会计利润征税而分享剩余价值，而且可以通过向资本所有者征收利息税（或利得税），还可通过对商品交易征税而分享蕴含在商品价差中的剩余价值。其中，向商品交易价差征税构成了常见的货物和劳务税，对企业利润、资本利息和劳动所得征税构成了常见的所得、利润和利得税。当然，政府还可对社会生产生活的其他环节课税，但无论在哪个环节课税，其来源都是社会生产的剩余价值。

6.2.1.2 价格上升推动税收收入增加

由于税收是价格的有机组成部分，因而税收与价格之间存在天然的联动关系。税价关系不仅存在于货劳税与价格的关系中，而且存在于所得税与价格的关系中。

无论货劳税是价内税还是价外税，其总是以价格为基础的，因此价格的上升自然会带动税收收入的上升。以不含税价格为例，如果初始价（成本+利润）为100元，税率为10%，那么货劳税金则为10元；而如果不含税价上升为150元，那么货劳税金则上升至15元，由此货劳税金差异为5元。再说所得税，如果初始物化成本为50元，工资成本为30元，价格为100元，其利润则为20元。假定企业所得税和个人所得税均为20%，则企业所得税为4元，个人所得税为6元。如果成本上升，其中物化成本上升至75元，工资成本上升至45元，利润上升至30元，价格为150元；那么企业所得税为6元，个人所得税为9元。所得税金差异为5元。

可见，价格上升不仅会导致货劳税金的上升，而且会导致所得税金的上升。如果考虑到税收的累进性问题，那么价格水平（及利润水平）的上升还将进一步推动税收收入的上升。要注意的是，价格上升在三种情况下并不必然带来货劳税金和所得税金的上升。其一，如果货劳税是对增值额课税而不是对流转额全额课税，那么只有增值额上升才能带来货劳税金上升，而缺乏增值额作为基础的价格上升不能带来货劳税金的上升；其二，缺乏个人工资水平为基础的价格上升不能带来个人所得税的上升；其三，缺乏利润为基础的价格上升不能带来企业所得税的上升。

6.2.1.3 税收收入增加推动价格上涨

从整体上讲，税收是价格的组成部分，如果社会增加值总量不变，那么税收收入的上升不会带动价格水平的实际增长，能够带来的仅仅是社会增加值（或剩余价值）的内部分配发生变化，即税收收入增加而劳动者、资本所分享的收入比重下降。如果税收占社会增加值的比重不变，那么税收收入的上升可能带来名义价格水平的提高，但也不会带动实际价格水平的上涨。

就单个商品而言，税收的增加则可能会带动商品的上涨。这是由于，历史成本已经给定，而利润水平难以下降，税收的增加则直接引起价格的上涨。在这个价格上涨中，既有名义价格的上涨，又有实际价格的上涨。如果其他商品的价格因税收增加而保持同步和同比例上涨，则形成名义价格上涨而实际价格不变；如果其他商品的价格没有同步和同比例上涨，则会形成实际价格上涨。现实地看，税收收入的增加来源于不同的商品且比例各不相同，因此可能导致结构性的价格上涨，即增税多的商品价格上涨较快，而增税少的商品上涨较慢，最终形成税收推动型价格上涨。

因此，从整体上讲，如果增加的税收仅仅参与社会增加值的分配，则无法改变实际价格水平；但就单一商品而言，税收的增加则可能会导致其价格的上扬。换句话说，在税收外生的条件下，成本和利润不变，而税金的增加自然会导致价格的上升，而无论这种税收属于货劳税还是所得税，或者是其他税收。

6.2.2 西方税负转嫁理论与税价关系

在西方经济学界，税收与价格的关系主要体现在税负归宿与转嫁理论中。马歇尔（Alfred Marshall）在局部均衡的分析框架中运用税负转嫁理论分析来说明税价关系的法则，讨论税收负担在各阶层的分配；随着现代经济学的发展，局部均衡分析发展为一般均衡分析框架，从而对税收与价格的关系具有更为深刻的把握。

6.2.2.1 局部均衡框架下的税价关系

在局部均衡的分析框架下，通常认为税负转嫁的最重要影响因素是供求双方的弹性，即弹性小的一方承受较多的税负；换句话说，征税是否导致价格的上升主要取决于供求双方的弹性对比。一般而言，如果需求弹性无穷大，那么无论如何征税，价格均不会发生变化，税收全部由供给方承担；相反，如果供给弹性无穷大，则任何税收的增加都会加到价格中去而由需求方承担。当然，弹性无穷大是极端的例子，故而政府所征税收一般均由供给与需求双方共同承担，其比例由其弹性决定。更进一步地讲，无论是对商品的供给方还是对需求方课税，税负归宿不会因此有丝毫的改变，而仅取决于供求双方的弹性，这就是常说的无关性定理和弹性定理。

对商品课税所引起的价格变化取决于供求弹性的对比，而对要素课税所引起的价格变化也同样取决于供求弹性的对比，只不过前者是商品的供求弹性，而后者则是要素的供求弹性。当然，上述分析都是在完全竞争的市场环境下得出的结论；事实上，现实的市场总是不完全竞争的，部分市场甚至具有一定的垄断性。在非完全竞争的市场环境下，供给方拥有一定的市场权力，即控制价格的权力，因而比在完全竞争市场上更能将税收转嫁给市场需求方（消费者）。

如果说对商品的课税能够在较大程度上转嫁给需求方，那么对企业利润的课税则不那么容易转嫁了。通常，对企业利润的课税只能影响其净利润，而无法影响其生产经营活动本身，因为企业的生产经营活动本身是符合利润最大化原则的，由此，企业所得税不能改变厂家的定价行为，无法将其通过价格转嫁给消费者。

另外，如果是供给弹性较小的不动产，那么对其课税则可能导致税负的资本化，即需求方将所承受的税收负担通过压低购买价款的方式转嫁给供给方。

6.2.2.2 一般均衡框架下的税价关系

在一般均衡的分析框架下，征税对商品价格的影响要复杂得多。根据哈伯格模型（Harberger，1974）的相关研究，在两部门的条件下，假定资本和劳动力固定，那么对A部门的商品课税，则首先会提高其商品价格；但随着A部门产品价格上升需求量减少，需求将转移到B部门的产品并导致其价格上升；A部门产品需求的减少将导致其对资本和劳动力的需求相应减少，这些资本和劳动力会转移到B部门；B部门资本和劳动力的供给增加，其要素价格会下降，资本和劳动力的流动会使资本利润率和工资水平重新回到均衡位置；同时，随着B部门资本和劳动力供给的上升，其商品供给量会增加，因此价格会有所下降。由此可见，对A部门商品的课税，不仅抬高了其自身价格，而且会改变B部门商品的价格（B部门商品的价格先上升，而后下降），而同时会改变资本、劳动力的价格，其价格改变的方向与被征税部门的资本—劳动比有关。

对劳动力和资本课税，如果要素供给是固定的（即缺乏弹性），那么其税收负担是难以转嫁的。当然，劳动力和资本供给都有一定的弹性，其中劳动力供给的弹性较小，而资本供给的弹性较大，故各国大多对资本供给的课税较轻，而对劳动力供给的课税较重。由此可见，在一般均衡的分析框架下，征税所引起的价格变化要复杂得多；它不仅影响所征税商品的价格，而且影响其关联商品（互补或互斥商品）的价格，还会影响要素价格的变化。

总的来说，按照西方税负转嫁理论，课税一般会引起商品价格的上升；但上升幅度取决于多种因素，主要是商品的供求弹性、市场竞争程度。要说明的是，局部均衡理论关注的主要是对单个商品（或要素）征税所导致的价格变化问题，一般均衡理论重点分析了局部商品税或要素税的影响，为人们分析对整个社会产品价值的课税提供了一条很好的路径。

6.3 税制结构与价格形成机制

无论是马克思价值理论，还是西方税负转嫁理论，都在不同程度上说明，税收增加会导致价格上扬，那么我国的税收制度及税制结构对价格形成有何实质性的影响呢?

6.3.1 税收收入渠道的选择

前文已经述及，课税渠道和税收收入结构的不同，根源在于社会剩余价值分配的渠道和结构差异。在剩余价值中，如果劳动者获取的剩余价值较少，那么政府则无法或很难从劳动者工资上分享剩余价值。实际上，我国劳动者占有的社会增加值份额较低，劳动者工资主要用于弥补其再生产费用，故而政府课征的个人所得税和社会保障税较少；而西方发达国家劳动者占有的社会增加值份额较多，其工资除弥补劳动再生产费用外还有很大部分属于剩余价值的范畴，故而政府能够采取个人所得税和社会保障税等方法从自然人身上获取较大份额的税收收入。

在企业或资本占有的剩余价值中，政府课税的方式主要有两种：第一是对商品买卖课税，即为货劳税。在一般情况下，商品的卖价高于买价，无论是对其增值额课税还是对卖价的全部课税，政府均能够分享一定的剩余价值。当然，如果商品的卖价低于买价，对卖价的全部课税，将会导致企业的再生产费用难以得到弥补。第二是对企业的利润课税，即为企业所得税。政府到底是在流通环节课税还是在利润分配环节课税，取决于政府课税的技术条件。

如果企业的会计核算清晰可靠，那么政府在利润分配环节课征所得税将是一个非常有效的选择，毕竟流通环节课税可能产生课税扭曲，容易形成税收超额负担。但如果企业会计核算比较混乱，难以在利润分配环节进行公平有效的课税，那么流通环节的课税则显得非常重要。近年来，我国加强了企业会计核算制度建设，在一定程度上规范了企业的利润核算，但中小企业的会计核算仍然比较混乱，难以有效地课税。在此背景下，我国被迫选择在流通环节课税，从商品买卖中获取大量收入，而从所得课税中获取的收入较少。

由于我国劳动者分享的剩余价值较少，故直接来源于个人所得税和社会保障税的收入相对较少；相反，资本分享的剩余价值较大，故大部分税收收入来源于企业缴纳。在企业缴纳的税收收入中，受制于我国的会计核算与征管技术，大部分收入又来源于货物和劳务税，而从企业所得课税环节取得的收入相对较少。

6.3.2 税收负担与价格形成

就整体价格水平而言，税收只是社会增加值的一个部分而已，只是参与了该增加值的分配，而无法改变总的社会增加值，也就是说税收负担水平的提高无法改变整个社会的总体价格水平。但对单个商品而言，税收负担水平的提高则有可能导致其价格水平的上升。

就单个商品而言，其价格由成本、利润和税金组成；在成本和利润给定的条件下，税金的多寡将影响价格的高低。比如，假定商品成本为50，增值额（或毛利）为30，销售税金为20，那么其含税价为100；如果销售税金上升到30，那么含税价则上涨到110。就税收负担而言，前者为20%，后者为27.27%；这表明，税收负担水平（负担率）的提高将导致价格水平的提高。近年我国物流费用不断上升，其中税收负担水平的上升是一个重要原因。这是由于物流行业所课征营业税并不是对增值额课税，而是对营业额全部课税，从而容易导致重复课税。在重复课税的条件下，税收负担随着物流环节的增加而不断上升，从而导致了物流价格的上升并最终推高了商品的物价水平。

6.3.3 税制结构与价格形成

6.3.3.1 税制结构与整体价格形成

就整体价格水平而言，税制结构的调整仅仅是税收收入来源的变化，在整个社会的增加值没有改变的条件下，也无法改变价格水平。举例来说，假定某商品的成本为100，社会增加值为100。社会增加值由劳动者、企业和国家分享，即形成工资、利润和税收。假定税收占比30%，绝对额为30；其中，货劳税占税收收入的70%，绝对额为21。那么，社会增加值的剩余部分79（即100–21=79）则由工资、利润分享；而且工资需要支付个人所得税，利润需要缴纳企业所得税，所得税之和为9（30–21=9），平均税率为11.39%（9 ÷ 79=11.39%）。消费者需要支付什么价格呢？首先，需要支付的是成本100；其次需要支付货劳税21和所得税9；再次，还需支付由企业和劳动者分享的社会增加值税后部分70，最后价格为200①。

① 此处暂未考虑货劳税和所得税之外的其他税种。

如果税制结构发生变化，消费者支付的价格会发生变化么？假定其他条件不变，货劳税占比40%，税额为12。那么，社会增加值的剩余部分（100-12=88）由工资、利润分享；且工资支付个人所得税、利润支付企业所得税，所得税之和为18（30-12=18），平均税率为20.45%（18 ÷ 88=20.45%）。消费者需要支付的价格有变化吗？首先，仍然需要支付成本100，其次需要支付货劳税12和所得税18；再次，还需支付由企业和劳动者分享的社会增加值70，最后价格仍然为200。在这两种税制结构下，国家征收的个人所得税和企业所得税都隐含在价格之中，无论哪种税制结构都不改变最终的增加值，自然也就无法改变整个价格水平。

6.3.3.2 税制结构与单个商品价格形成

但就单个商品而言，以货劳税为主的税制结构比所得税为主的税制结构容易导致价格水平的上升。根据税负转嫁理论，货劳税课征于商品劳务的价格之上，其更易于转嫁给商品劳务的需求者和供给者；其中，最有可能承受该税负的是商品劳务的需求者。在商品流转过程中，生产商的税收负担随着价格转嫁给销售商，而销售商在平均利润率的作用下加价的幅度将更大，从而在更大程度上推高了价格的上升。

举例来说，假定A商品的生产成本为100，利润率为20%，利润为20，不含税价格为120，税率20%，税金为24，含税销售价为144；零售商成本为144，假定流通费用为36，总成本为180，按照20%的利润率获得36的利润，故不含税价格为216，税率为20%，税金为43.2，含税价格为259.2。在这个过程中，总共征收的销售税金为67.2。如果对其利润按照20%的税率课征所得税，则可分别获得4和7.2的所得税，总共为11.2。销售税金和所得税金之和为78.4。

如果采用所得税为主的税制结构，最终价格会是一个什么样的结果呢？假定A商品的生产成本为100，利润率上升为30%，利润为30，不含税价格为130，销售税率降为10%，则销售税金为13，含税销售价为143。零售商购买成本为143，假定流通费用仍为36，总成本为179，按照30%的利润率获得利润53.7，不含税价格为232.7，按照10%的销售税率其销售税金为23.27，含税价格为255.97。如果对利润课征50%的所得税，则生产商和零售商分别缴纳15和26.85的所得税。合并计算，该商品缴纳销售税金36.27，所得税金41.85，合计为78.12。

在第一种征税方式下，销售税占到了85.71%，最终价格达到了259.2；第二种征税方式下，销售税占比仅为46.42%，税收总收入尽管减少0.28，但销售价格却下降了3.23。初始成本和流通成本相同，税收收入基本相同，其商品价格的差异又是什么原因造成的呢？简单来说，这是由于在货劳税为主的税制结构下，税负转嫁与平均利润率的相互配合导致企业的利润水平上升，故而在最终价格的差异中除税收外还有利润水平的差异。

由此可见，税制结构的差异确实会导致商品价格的差异，即货劳税占比较高的税制结构，商品价格会高于所得税占比较高的税制结构。特别是商品间的结构性价格变动会带动社会整体价格水平的上升，故而以货劳税为主的税制结构将提高消费者最终支付的价格，这就是我国大部分税收负担走价格通道的现实格局。

6.3.4 征管制度与价格形成

相似的是，税收征管制度虽然无法提高整体价格水平，但对单个商品的价格确实有影响。税收征管制度有直接和间接之分，一般将向民众直接征税获得税收收入的征管制度体系称为“直接”征税方式；将向企业征税获得税收收入的征管制度体系称为“间接”征税方式。通常，在“直接”征税的制度体系下，个人所得税、财产税、社会保障税等直接由民众负担，不需要通过商品价格来进行转嫁，也难以通过商品价格来进行转嫁，故而商品价格相对较低。但在“间接”征税的制度体系下，大部分税收由公司企业缴纳，其通过商品价格渠道转嫁税负的程度要容易得多。特别是由于企业一般都拥有一定的市场定价权力，或者说与消费者相比相对强势，其通过价格转嫁其税负的能力相对较强，因此商品价格中的税收成分较高，并进而推高商品的价格。

6.4 税制结构与“中贵美贱”的形成

随着国际经济一体化进程的加快，国人开始频频走出国门，于是世界各地均有了中国人的身影。但国人很快发现，不少同质商品在国内外存在巨大的价差。特别是2011年年初以来，国内掀起了一阵中美价格对比的风潮，比如，有媒体报道：“在美国卖9.9美元的鞋子，39.9美元的牛仔裤，30美元的

T恤衫，同样品牌在国内分别是499元、799元和799元……”由于中美之间商品价格差异较大，部分民众在公务、旅游之余还选择性地购买了部分商品带回国内消费；更有甚者，部分民众干脆组团到美国购买相关产品，比较典型的是国外品牌的护肤品、化妆品、箱包、手表，等等；而部分民众则直接通过网络代购相关商品，从而形成了颇具规模的代购网络。一般认为，中国属于发展中国家，商品价格较低；但现实的情况是，部分商品的国内市场价格却高于美国市场的价格，被学界称为“中贵美贱”。关于“中贵美贱”的原因，部分民众及学者认为是国内的高税负推高了国内商品价格，但实际情况又是怎样的呢？税收制度及税制结构在其间扮演了什么样的角色呢？是否还有其他因素导致了“中贵美贱”呢？

6.4.1 “中贵美贱”下的价格比较

6.4.1.1 “中贵美贱”的价格比较标准

对中美价格进行比较，必须选择合理有效的比较标准。从理论上讲，国家间的价格比较，主要有以下三种标准。

第一种是相对价格比较，即比较各自商品价格与收入水平的比例。第二种是按照购买力评价来比较各自的价格水平，将中国货币按照购买力评价换算为美元，然后进行中美商品价格对比。第三种是直接比较商品的绝对价格，比如上文提到美国鞋子9.9美元，折合人民币65元左右，而国内价格为499元。

上述三种比较标准各有优劣，其目标指向各不相同。但目前关于“中贵美贱”的讨论，更多是讨论商品的绝对价格。因为普通民众从美国将商品买回中国消费，是将其与国内的绝对价格进行比较的结果；如果美国商品的相对价格水平低，而绝对水平高，那么普通消费者则不会将其购回国，最多是在国外直接消费掉。为此，本书选择中美两国的绝对价格进行比较。

6.4.1.2 中美商品价格的一个简单比较

要进行中美之间的商品价格比较，必须选择同质商品进行比较，否则无法说明商品的价格差异。通过研究，发现主要有以下三种情形。

第一种情形涉及美国或其他国家生产的国外品牌商品，主要是国外的高档化妆品、护肤品、女士箱包、汽车等。根据中美市场调研数据，美国市场价格大概为8000元（折合人民币）的Gucci箱包，中国价格大概为12000元，价差为40%～50%；而Coach的箱包价格差异更大，可以达到70%左右。根据雅诗兰黛公司官网的数据，其大部分护肤系列产品的国内报价高出美国50%左右，部分产品甚至达到了美国价格的2倍左右。根据网易汽车提供的数据，2013年国内各级别销售量TOP10的车型中除福克斯的国内顶配价格略低于美国顶配价格外，其余车型国内价格均高于国外同型汽车。其中，顶级车型尤为明显，比如奥迪Q7的国内价格高达82.7万～133.9万元，而美国价格仅为28.64万~37.05万元，标配价之差为2.88倍，顶配价之差达到3.61倍（见表6-1）。

表6-1　　2013年国内各级别销量TOP10车型中美价格对比表

单位：万元

车型	中国价格RMB	美国价格（换算为RMB）	车型	中国价格RMB	美国价格（换算为RMB）
福克斯	11.99~16.99	9.55~22.03	奔驰GLK	41.8~55.8	22.93~23.61
速腾	13.18~18.58	10.23~16.68	奔驰 ML	79.9~99.8	29.24~36.38
途观	19.98~31.58	14.07~22.35	宝马 X5	90.1~195.3	32.32~41.7
科鲁兹	10.89~15.99	10.50~15.72	宝马 X3	52.3~72.5	24.23~27.35
CR-V	19.38~26.28	14.04~18.63	宝马5系	42.86~79.76	30.29~40.51
ix35	16.98~24.28	12.60~15.66	宝马7系	92.8~270.35	45.28~86.41
凯美瑞	17.98~32.98	13.61~16.93	宝马3系	32.65~60.26	19.92~27.66
汉兰达	24.88~42.98	17.76~28.37	奥迪A4	27.28~57.81	19.88~25.85
奔驰C级	30.8~46.8	21.63~25.33	奥迪 A6	38.3~74.26	25.82~34.85
奔驰E级	53.8~89.8	31.76~37.58	奥迪 Q5	35.85~56.77	21.97~31.45
奔驰S级	93.0~298.8	56.92~98.1	奥迪 Q7	82.7~133.9	28.64~37.05

资料来源：《异国同车 主流中型车中美价格对比》，http://auto.163.com/13/0812/15/963CU8NI00084TUP_all.html#p1.

第二种情形涉及在中国或其他发展中国家贴牌生产的美国及其他发达国家品牌商品，比如Nike运动鞋、Levis牛仔裤、CK衬衣，等等。据媒体披露，Nike、Adidas的新款运动鞋，无论是中国制造还是其他发展中国家制造，美国的市场价格大概为80～100美元，最贵不超过150美元，而国内专柜中，价格上千元人民币的比比皆是。CK牌的普通衬衣在美国主要商场的价格为30～50美元，而国内的价格则可达到500～800元人民币，价差至少在1倍左右。

第三种情形涉及两国自产自销的商品和服务。该类商品和服务的品质、生产模式存在较大差异，其价格差异较大，可能是“中贵美贱”，也可能是“中贱美贵”。比如，由于美国人工成本相对较高，其理发、理疗服务的价格比国内高出1倍以上；美国比较重视知识产权，其图书价格动辄在100美元以上，而国内图书的价格大部分在100元人民币以下。另外，美国的保险、医疗、教育等价格基本上都比国内高出不少。当然，美国规模化生产的一般工业品价格相对比较便宜，比如电视机、冰箱等的价格就比国内便宜得多。

由此可见，确实有不少商品的价格存在“中贵美贱”的情形，这些商品主要是国外品牌的商品。为此，本书以国外品牌商品为主要分析对象，深入分析“中贵美贱”产生的原因，特别是税收制度影响两国间价格差异的内在机理。

6.4.2 “中贵美贱”与税收制度的差异：理论分析

从理论上讲，税收制度影响国家间商品价格差异的渠道主要有三个方面：第一是宏观税收负担水平。如果一国宏观税收负担高于其他国家，则该国商品价格中所包含的税收成分可能高于其对比国；在成本和利润水平基本相同的情况下，其商品价格会高于其他国家。第二是税制结构。在两国宏观税收负担相同的情况下，如果一个国家的货劳税负担较重，则该国商品价格中所包含的税收成分也会高于其对比国。第三是税收征管制度。如果一个国家主要针对公司企业征税，而另一个国家主要针对居民个人征税，那么前者所征税收就比后者更容易进入价格体系，从而推高商品价格。目前，部分品牌商品确实存在“中贵美贱”的现象，部分民众及学者认为是高税负导致了高价格，但果真如此么？

6.4.2.1 “中贵美贱”与中美宏观税负的差异

1995年以来，美国的税收负担率基本稳定在26%～29%之间，如果扣除社会保障税，其负担率大致为20%。我国自改革开放以来，税收负担率存在一个先下降后上升的过程：1995年我国的税收负担率达到最低点，为9.83%，其后税收负担率逐渐上升，近年来略高于20%。由此可见，中国的宏观税负水平并不比美国高。即使按照广义税收负担的概念，即在全部税收的基础上加上其他政府收入，根据IMF提供的数据，美国2009年的广义税收负担率为30.82%，而中国2008年同口径的负担率为26.63%。由此可见，中国的整体税收负担并不比美国的税收负担高，相反，中国的宏观税负还要轻一些，但总体差异不大。因此，"中贵美贱"并不是由两国间宏观税收负担的差异所造成的。

6.4.2.2 "中贵美贱"与中美税制结构的差异

如果"中贵美贱"不是因为中国税收负担高于美国造成的，那又是什么原因导致了商品价格的差异呢？为此，需要分析第二个因素，即税制结构。

尽管中美两国的税收负担是基本相同的，即民众所承受的总体税负是基本一致的，但中美两国的税制结构却存在明显的差异。中美两国税制结构的差异主要体现为：中国税收制度以货劳税为主，占全部税收收入（不含社会保障税）的60%～70%；而美国则以所得税为主，其中，个人所得税约占全部税收（含社会保障税）的38%，公司所得税占比相对较小，约为11%。另外，美国开征社会保障税，其占全部税收收入的23%；中国尚未开征社会保障税，但向政府机关、事业单位和企业的雇员及其他社会群体征收社会保障费。

由于中美两国税制结构存在较大的差异，导致了税收负担的结构性差异，即中国民众可能多承担货劳税，而美国民众多承担所得税。由于货劳税的大部分是需要加到商品的价格中去的，并通过抬升商品价格而让民众承担，而所得税则主要通过要素价格的变化而最终让民众承担；因此，即使两个国家所征收的税收收入绝对额是完全相同的，但由于货劳税所占的比例不相同，在其他情况相同的条件下，商品的价格也会有所不同。由此可见，正是由于税制结构的差异，在一定程度上导致了中美两国商品价格的差异。

6.4.2.3 “中贵美贱”与中美征管制度的差异

“中贵美贱”不仅与中美两国的差异性税制结构相关，而且与中美两国的差异性征管制度有关。美国的税收征管制度主要面对普通民众，即“直接”向普通民众征税，无论是个人所得税还是社会保障缴款，抑或是其房产税均如此；而中国的征管制度则主要面对公司企业等机构，并通过相关渠道转嫁给普通民众，即“间接”向民众征税。

在“直接”征税的体系下，个人所得税、社会保障税等直接由民众负担，不需要通过商品价格来进行转嫁，也无法通过商品价格来进行转嫁；公司（企业）所得税尽管可以通过要素价格的变化转嫁给普通民众，但要素价格的调整相对比较缓慢，且难以反映到商品价格上来；而货劳税则可以较快地反映到商品价格中来，但由于美国的货劳税所占比例较小，对整体价格的变化影响不大。

在“间接”征税的制度体系下，大部分税收由公司企业缴纳，其通过商品价格渠道转嫁税负的程度要容易得多。在公司企业纳税的情况下，由于其拥有一定的市场定价权力，或者说与消费者相比相对强势，其通过价格转嫁其税负的能力相对较强，因此商品价格中的税收成分较高。

因此，中美两国征管制度体系的差异依然来源于其税制结构的差异，美国以个人所得税及社会保障税为主体的税制结构必然需要采用“直接”的征管制度体系，而中国以货劳税为主的非均衡性税制结构则需要采用“间接”的征管制度体系以配合之。换句话说，两国征管制度体系的差异归根结底还是由税制结构的差异造成的。

由此可见，“中贵美贱”形成的税收原因并不是宏观税负水平的差异，而在于两国的税制结构差异，或者说结构性的税负差异导致了“中贵美贱”。具体来讲，就是中国商品价格中的货劳税成分比美国商品价格中的货劳税成分高，从而在一定程度上形成了“中贵美贱”。

6.4.3 “中贵美贱”与税收制度的差异：经验分析

既然“中贵美贱”的税收原因在于两国商品价格中所蕴含的货劳税比例不同，那么中美两国的商品分别面临什么样的货劳税制度差异呢？它们又是如何影响中美商品间价格差异的呢？为方便起见，本书假定所有商品从生产商到消费者之间仅需经过两个环节，即生产商（即是批发商）—零售商—消费者；如果是出口商品，则是生产商（即是出口商）—进口商（即是零售商）—消费者。假定生产商与零售商的毛利率相同，且不考虑商业流通费用和汇率因素。在此条件下，本书分析“中国制造”商品在中美两国的市场价格差异，以及“美国制造”商品在中美两国的市场价格差异。

6.4.3.1 中美两国的货劳税制度差异

中国的货劳税主要包括增值税、营业税、消费税、资源税、关税等。其中，增值税对商品实行普遍征收，消费税对特定消费品进行选择性征收，营业税则对劳务服务进行征收。增值税对商品的增值额征税，税率为17%（一般纳税人），如果从整个流通过程而言，则相当于商品价格的17%。消费税根据税目的不同而在税率上有很大差异，税率最低为3%，最高可达56%。中国在进口环节征收关税，平均关税水平约为10%；在出口环节退税，退还该商品在国内生产流通环节所缴纳的进项税额及消费税。

美国的货劳税包括一般销售税和特别销售税，前者由各州向普通消费品征税，税率在8%左右，后者则由各州对特定消费品征税，比如烟、酒、汽油等物品。美国在进口环节也征收关税，关税平均水平为3%左右；但由于美国在生产批发环节不征收货劳税，故出口环节不涉及退税的问题。

6.4.3.2 “中国制造”在两国市场的税收与价格差异

“中国制造”商品在境内生产，无论是在中国销售还是在美国销售，其生产成本是基本相同的。比如，中国贴牌生产的Nike、Adidas的运动服装，以及国内的部分品牌服装等。在生产成本相同的条件下，商品的价格差异可能来源于其所需缴纳的货劳税。为方便起见，假定其生产成本为100，其中原材料等物化成本为70，人力成本为30。

（1）“中国制造”商品在中国市场的税收与价格。假定生产厂商的毛利率为30%，其国内批发价格（不含增值税）为130（100+100×30%=130），毛利为30；零售商的毛利率仍然为30%，市场零售价（不含增值税）为169（130+130×30%=169），毛利为39。

在该商品的生产与销售环节中，其负担的增值税额是多少呢？就单一环节的厂商而言，增值税仅对其增值额课税；但就整个流通环节而言，增值税则相当于对商品的最后价格课税。因此，该商品应缴纳的增值税为28.73（169×17%=28.73）；而最终消费者应支付的商品价格则为197.73（169+28.73=197.73）。其中，物化生产成本70，人力生产成本30，毛利69（30+39=69），增值税28.73。

（2）“中国制造”商品在美国市场的税收与价格。如果该商品出口美国，根据国内税法不仅无须对其课征增值税，而且还将抵退其进项税额。假定其出口报关价为130，其获利为30。要注意的是，尽管出口商能够获得其进项税额的抵退，但并不能因为退税而增加其利润水平，这是因为其所退增值税是其以前所缴纳部分。因此，此处的出口报关价等同于其在国内市场的不含税报价。

假定美国进口商在报关时须向美国海关缴纳关税，按照3%的平均关税水平计算，其应缴纳关税为3.9（130×3%=3.9），海关完税价格为133.9（130+3.9=133.9）。该厂商向普通消费者销售商品，毛利率仍定为30%，不含税零售价与毛利分别为174.07（133.9×130%=174.07）和40.17（133.9×30%=40.17）。按照美国税制，联邦政府不征收销售税，销售税主要由各州政府课征，大部分州的销售税率约为8%。因此，销售税为13.93（174.07×8%=13.93）；而最终消费者应支付的商品价格则为188（174.07+13.93=188）。其中，物化生产成本70，人力生产成本30，国内企业毛利30，美国企业毛利40.17，美国税收17.83（关税3.9，销售税13.93），中国税收为零。

由此可见，两国的货劳税制度差异确实在一定程度上影响了商品的最终价格。在本例中，中国价格比美国价格高出5.18%，绝对额为9.73（197.73-188=9.73）。这个价格差异源于两个部分，一是中国市场比美国市场多课税10.9（28.73-17.83=10.9）；二是中国市场比美国市场的利润绝对额低1.17［（30+39）-（30+40.17）=-1.17］。

6.4.3.3 “美国制造”在两国市场的税收与价格差异

相似地，“美国制造”商品在其境内生产，无论是在中国销售还是在美国销售，生产成本是相同的。比如，美国生产的福克斯汽车、雅诗兰黛护肤品等。为方便起见，仍然假定其生产成本为100，其中原材料等物化成本为

70，人力成本为30。由于美国对中间产品不课税，因而不存在进项税额及其抵扣的问题。

（1）“美国制造”商品在美国市场的税收与价格。假定生产厂商的毛利率为30%，其国内批发价格为130（100+100×30%=130），毛利为30；零售商的毛利率仍然为30%，市场零售价（不含税）为169（130+130×30%=169），毛利为39。美国仅对最终消费品课税，税率大致为不含税销售额的8%，故其销售税为13.52（169×8%=13.52）；最终消费者应支付的商品价格则为182.52（169+13.52=182.52）。其中，物化生产成本70，人力生产成本30，毛利69（30+39=69），销售税13.52。

（2）“美国制造”商品在中国市场的税收与价格：普通商品（不征收消费税）。假定生产厂商的毛利率仍为30%，其出口报关价为130（100+100×30%=130），毛利为30，与该商品在美国市场的利润水平是相同的。商品到中国海关报关，需要征收关税和增值税。假定该商品按照我国的平均关税水平10%进行课征，其需缴纳的关税为13（130×10%=13），其海关完税价格为143（130+13=143）。假定国内进口商的毛利率为30%，其零售报价（不含增值税）为185.9（143+143×30%=185.9），毛利为42.9（143×30%=42.9）。在国内流通的过程中，进口环节需要缴纳增值税，其计税基础是海关完税价格，故应缴增值税为24.31（143×17%=24.31），它构成了后续销售环节的进项税额；最终销售环节应缴增值税为31.6（185.9×17%=31.6），可抵扣进项税额（即进口环节所缴纳的增值税）24.31，国内总共缴纳的增值税仍为31.6。因此，消费者需支付的最后款项为217.5（185.9+31.6=217.5）。其中，中国关税为13，增值税为31.6，生产商毛利30，进口商毛利42.9。

此时，中国价格比美国价格高出19.17%，绝对额达到34.98。其中，税金差额为31.08，利润差额为3.9。

（3）“美国制造”商品在中国市场的税收与价格：特殊商品（征收消费税）。如果该商品在中国需要征收消费税，那么税金差额会进一步增加；中国对部分特殊商品及奢侈品的关税税率高于平均关税水平，其所缴纳的关税将更多，因此其商品价格差异则更大。为此，假定上述商品为小汽车，那么其影响又有多大呢？

由于美国对汽车并没有征收特别消费税，其最终消费者应支付的商品价格仍然为182.52。该商品在中国海关的报关价依然为130，按照我国的关税税则，小汽车的最惠国关税税率为25%，故其应纳关税为32.5（130×25%=32.5）。汽车属于我国消费税的课税项目，需要缴纳消费税。我国根据排量的差异，对小汽车征收3%～40%的消费税。假定该汽车的排量为2.0升，消费税率为5%，则应缴纳的消费税为8.55①，其海关完税价格为171.05（130+32.5+8.55=171.05）。假定进口商的毛利率依然为30%，则其不含税零售报价为222.37，毛利为51.32（171.05×30%=51.32）。国内购买小汽车需缴纳10%的车辆购置税，金额为22.24（222.37×10%=22.24）；需缴纳的增值税为37.80（222.37×17%=37.80）。消费者最终应支付的价格为282.41（222.37+22.24+37.80=282.41）。在这种情况下，中国价格将比美国价格高出54.73%，绝对额达到99.89（见表6-2）。

表6-2　　　　　　中美两国商品的税金与价格差异

序号	项目	公式	中国制造商品		美国制造商品		
			中国	美国	中国A	中国B	美国
1	（一）初始生产成本	1=2+3	100.00				100.00
2	物化成本		70.00				70.00
3	人力成本		30.00				30.00
4	（二）批发价格（报关价）	4=1+5	130.00	130.00	130.00	130.00	130.00
5	厂商利润	5=1×6	30.00	30.00	30.00	30.00	30.00
6	平均毛利率		30%	30%	30%	30%	30%
7	（三）关　税	7=4×8		3.90	32.50	13.00	
8	关税税率			3%	25%	10%	
9	（四）消费税				8.55		
10	消费税率				5%		
11	（五）海关完税价格	11=4+7+9		133.90	171.05	143.00	
12	（六）零售价格（不含销售税金）	12=4+13或=11+13	169.00	174.07	222.37	185.90	169.00

① 进口环节消费税的计算公式：消费税=（海关报关价+关税）÷（1−消费税率）×消费税率；故应缴消费税为：（130+32.5）÷（1−5%）×5%=8.55。

续 表

序号	项目	公式	中国制造商品		美国制造商品		
			中国	美国	中国A	中国B	美国
13	零售利润	13=4×6 或=11×6	39.00	40.17	51.32	42.90	39.00
14	（七）销售税金	14=12×15	28.73	13.93	37.80	31.60	13.52
15	销售税率		17%	8%	17%	17%	8%
16	（八）其他税金（车购税）	16=12×17			22.24		
17	车辆购置税率				10%		
18	（九）最终价格	13=12+146 或=12+14+16	197.73	188.00	282.41	217.5	182.52

说明：本表没有分步骤讨论各个环节的增值税，而仅在最终销售环节计算了其总体应缴纳的增值税。

由此可见，如果不考虑商业流通费用和汇率因素，在毛利率相同的情况下，两国差异性的货劳税制度确实在一定程度上导致了“中贵美贱”。如果是普通商品，这种价格差异相对较小；但如果美国出口到中国的商品属于我国消费税的征税项目，那么其价格差异就更为明显。

6.4.4 “中贵美贱”与非税因素的影响

在这场“中贵美贱”的讨论中，部分民众、媒体及学者将目光对准了税收因素；实际上，虽然税收因素确实在一定程度上导致了两国间商品的价格差异，但其贡献率并不如大家想象的那么大。除了税收因素，还必须关注其他因素对两国商品价格的影响。

6.4.4.1 商业流通费用的影响

商品价格由成本、利润和税金组成，因而任意价格要素的差异均能影响两国的商品价格。就商品成本而言，除生产成本之外，要使商品顺利进入流通渠道并销售给消费者，尚需要一定的流通费用。就近年来不断曝光的流通费用而言，流通费用至少包括以下两项内容。

第一是物流费用。2011年年初以来，我国高昂的物流费用成为各家媒体竞相报道的焦点话题；通过相关报道，可以清晰地发现高昂的物流费用是抬高各地蔬菜及其他商品价格的重要因素。有媒体报道，从中国内地运货到美国的运费，竟然比从广州运货到北京还便宜，前者价格仅为后者的一半，国内物流费用之昂贵可见一斑。据统计，国内农产品及其他快消类产品的物流费用占销售额的比例大约为30%，而大宗商品、基础设施类商品等则占到10%左右。在我国，过路费极高，货损严重，返空率高，导致我国物流人均效率仅为美国的1/3。事实上，2010年中国的物流费用占GDP的比重高达18%，而美国的物流费用占GDP的比重在9%左右，差不多比国内低一半。

第二是商场进场费用。目前，商品要进入超市或大卖场，需要向超市或卖场缴纳进场费、端头费、堆垛费、DM费、年节费、店庆费、年底返利、账期（提前结账）费、毛利补偿费，生鲜产品还有补损费等。据统计，国内部分商品交给超市的各种费用甚至相当于销售额的15%。相比而言，美国的大卖场根本不存在上述进场费用，而是大卖场努力增加商品的门类和品种，提高其竞争力。尽管国外优势品牌可能需要缴纳的商场进场费用低于国内其他品牌商品，但却无疑还是在一定程度上加大了商品的流通费用。

除物流费用和商场进场费用外，国内商品流通还需要花费不少隐性费用，交易成本相对偏高，也进而推高了中美之间的商品价格差异。

6.4.4.2 商品利润与定价策略因素的影响

国外品牌商品在美国和中国销售价格的不同，还有一个重要原因是该品牌在两个市场的号召力和影响力不同，市场定位与价格策略不同，目标利润率存在较大的差异。

国内记者曾对比了宝马汽车在中美之间的价格差异，竟然发现宝马760Li的国内价格比美国整整高出112.81万元。[①]这个差价与我国的关税及其他国内税收有关，与国内较高的物流成本有关，但更重要的是与宝马汽车在两国市场的定位有关。在美国，宝马汽车并不是民众心目中最好的汽车，美国人对

① 资料来源：《宝马7系竟相差百万元 20款中美汽车价差调查》，http://info.auto.hc360.com/2007/06/201439272421.shtml。

其并没有明显的偏好，其市场价格并不高；而在中国，宝马汽车则是地位、财富和成功者的象征，市场地位超越一般的代步车，其价格自然高出一大块，从而形成了宝马汽车的“中贵美贱”。

除此之外，无论是雅诗兰黛的化妆品，还是LV的女士箱包，抑或是高档手表，都具有类似的特征。中美之间的价格差异，体现的是相同品牌产品在不同市场的影响力与号召力，体现的是该品牌产品在不同区域的市场地位差异。由此可见，同一品牌的商品在中美两国的市场定位与定价策略，也在一定程度上导致了“中贵美贱”。

另外，中国的“送礼”文化也在一定程度上助长了“中贵美贱”。其原因在于，国内的大量奢侈品或高档消费品并不是出于自身消费的目的，而是作为礼品购买的，其价格弹性相对较小，这就为国外品牌商品在国内市场获取超额利润创造了条件。

6.4.4.3 货币汇率变化的影响

“中贵美贱”的另一个原因是近年来人民币兑美元的汇率不断上升，导致人民币的国外购买力不断提升。自2005年7月我国启动汇率改革以来，人民币兑美元不断升值；尽管2014年下半年以来人民币兑美元价格有所下调，但截至2015年7月人民币兑美元中间价仍达到了6.20，升值幅度明显。一方面是人民币在国外升值，而另一方面是国内价格在通胀的压力下不断上扬，因此商品价格的绝对值差异就表现出来了，从而形成了“中贵美贱”。2016年以来，人民币兑美元大幅度贬值，在一定程度上缓解了上述矛盾。

总体上讲，国外某些品牌商品由于价值高、体积小，其国际国内物流费用不超过商品价值额5%；而国内商场进场费用也不至于很高，在5%～10%之间。因此，对于国外品牌商品的价格差异，最核心的非税因素还在于其在两国不同的市场地位及其差异性的价格策略，特别是对于部分奢侈品而言更为明显。

6.5 结论与启示

从整体上讲，税收负担、税制结构与征管制度均不能改变整个社会的价格水平。商品价格由成本（物化成本、人力成本）、利润和税金组成，它在供需定理的作用下围绕其价值波动；而产品价值由$C+V+M$构成，其中$V+M$部分基本等于商品价格中的人力成本（工资）、利润和税金。如果$V+M$部分不变的话，税金与工资、利润无论怎么组合，都无法改变总体的价格水平。既然税收负担水平的提高、税制结构与征管制度的变化都无法提高社会的增加值（即$V+M$部分），那它又怎么能够改变商品的价格水平呢？当然，尽管税收制度不能改变整体的实际价格水平，但它却在一定程度上可以提高名义价格水平，比如税收负担的提高可以通过名义价格水平的上升来调整成本、利润和税金之间的比例。另外，如果税收制度的完善能够提高劳动力和资本的供给，那么就能够提高社会的增加值（如果技术条件不变的话），因而就能够提高整个社会产品的价值$C+V+M$，因此能够提高价格水平。

就单个商品而言，税收负担、税制结构与征管制度的变动可能影响其价格变化。税收负担的变动意味着税收在社会产品价值中获取的份额发生变化，由此必然带来名义价格的上涨；而商品名义价格的上涨具有非均衡性，故而必然导致部分商品的实际价格上升。按照局部均衡的分析框架，税收负担的上升无论是加之于需求方还是供给方，都有可能通过价格渠道转嫁出去，其转嫁的程度主要受供需弹性、市场结构、征管范围等的影响，但总体上讲是可以转嫁的，因而它总是能够在一定程度上推动价格上涨；而按照一般均衡的分析框架，税收负担的上升也会导致商品或要素价格的上涨，但其税价联动的机制则更为复杂。从税制结构的角度看，税负转嫁理论已经证明，货劳税比所得税更容易转嫁，其引起价格波动的能力也比所得税强。因此，对单个商品而言，其负担的货劳税较多则使其价格偏高；而在同样的税收负担条件下，如果商品负担的所得税比重较多，则其价格上升的幅度较小。“间接”征税的管理体系对于商品价格的影响与货劳税对商品价格的影响是基本一致的，即来源于公司企业缴纳的税收收入更易于通过上升的价格转嫁给消费者。因此，我国的非均衡性税制结构导致税收确实存在通过价格通道转嫁给消费者的问题，从而导致我国消费者面临相对较高的价格。

7. 税制结构的优化路径与政策选择

7.1 税制结构优化的基本指向

7.1.1 优化资源配置，促进社会公平分配

税收经济理论认为，税收制度具有优化资源配置、促进社会公平分配、稳定社会经济发展的职能，而税收制度的职能或功能是需要通过税制结构来实现的，或者说是需要通过税收制度体系中各税系、各税种的相互搭配来实现的。

中共十八届三中全会报告指出，“市场在资源配置中起决定性作用”，要求政府减少对市场行为的干预。税收制度建设及税制结构的优化，需要在充分发挥市场决定性作用的基础上，通过设计恰当的激励机制和制约机制，矫正市场扭曲，优化资源配置。报告进一步指出，科学的财税体制是“优化资源配置、维护市场统一……的制度保障”，而科学的税收制度和优化的税制结构正是财税体制的重要内容。要实现资源配置优化，必须理顺市场价格体系，实现公平竞争；而维护市场统一的核心思想则是实现不同地区和行业的市场主体之间能够公平竞争，进而优化资源配置。换句话说，优化资源配置、维护市场统一的目的都是提高市场行为的效率，降低市场行为的无谓损失。

税收制度具有促进社会公平分配的职能，但该职能的发挥却不是与生

俱来的，不是无条件的，需要通过税制结构的优化来实现。尽管新中国成立以来我国对税收制度进行了多次改革和完善，特别是1994年税制改革对之前的税收制度体系进行了全面的重构，并在随后的20年里不断对之进行优化，但现行的税收制度及其结构却未能有效发挥促进社会公平分配的作用。事实上，我国现行的税收制度及其结构不仅未能促进社会公平分配，反而在一定程度上恶化了社会公平分配的程度，扩大了贫富差距。因此，税制结构的优化必须着眼于促进社会公平分配，采取有效措施阻断贫富差距的扩大。

7.1.2 完善地方税系，发挥中央和地方两个积极性

税制结构的优化必须为完善地方税系创造条件，为建立科学的财税体制创造条件，从而发挥中央和地方两个积极性。地方税系建设是我国税收制度建设的重要内容，而地方税系、中央税系与共享税系之间本身也存在结构优化的问题。因此，税制结构的优化必须要着眼于实现地方税系的完善。在1994年税制改革之前，我国缺乏实质意义上的地方税系，地方与中央之间是通过包干制来定位相互间财政关系的。但财政包干制无助于建立稳定的政府间财政关系，对于建立和完善社会主义市场经济体制是极为不利的；在此背景下，我国于1994年分税制改革时便建立了中央税、共享税和地方税三大体系。客观地讲，三大税收体系的建立对于完善政府间财政关系和分权的财税体制起到了极为重要的作用，对于发挥中央和地方两个积极性也颇有助益。但是，三大税收体系在实际运行过程中却逐渐偏离了科学优化的轨道，特别是共享税的税种和收入规模不断扩大，而地方税的税种和收入规模日渐萎缩，地方税越来越难以支撑地方政府的运行，导致地方政府被迫依靠中央转移支付及非税收入。地方税系的异化致使地方政府的治理机制发生了较大的变化，即从依赖自身税收收入展开相应的政府治理并提供优质的公共产品与服务，转而依靠转移支付及非税收入。对上级转移支付的依赖导致地方政府缺乏硬化的预算约束，而非税收入的规范性远逊于税收收入，对非税收入的依赖在一定程度上加剧了地方政府行为的非规范性。现实地看，地方政府在日常运行中严重依赖一般性转移支付，导致其提供公共产品和服务的积极性相对较低；而众多经济发展项目和公益服务性项目建设则依赖专项转移支付和政府性基金（特别是土地出让金），导致地方政府治理容易偏离规范化的轨道。因此，税收制度建设及税制结构优化，必须重构地方税系，为地方政

府运行提供充分的财源保障，形成良好的激励和约束机制，真正发挥中央和地方两个积极性，提高国家治理的能力。

7.1.3 推进税收法治，建立现代税收制度

税收制度建设及税制结构的优化，必须按照税收法治化的框架来展开，并逐步建立现代税收制度。税收法治的核心是税收法定，通常认为税收法定包括税种法定、税收要素法定、程序法定三个方面。税制结构的优化首先是税系或税种间的结构优化，而结构的优化则绕不开税种的增减变迁；税种法定要求税系或税种的结构优化必须通过规范的立法程序，特别是在我国影响力极大的增值税、消费税等必须通过人大立法。中共十八届三中全会指出，要“加快房地产税立法并适时推进改革，加快资源税改革，推动环境保护费改税”，无论是房地产税和环境保护费改税都需要通过立法程序加以推动。要实现税制结构优化资源配置和促进社会公平分配的职能，必须对税收要素进行优化；而税收要素法定则要求对税率等基本要素的修订和调整必须由人大经法定程序来实现。无论多么科学完善的税收制度及税制结构都必须通过税收征管来完成税收收入的征收管理，程序法定不仅是要求人大在修订税收制度时必须按照法定程序来进行，更重要的是税收征管必须遵循法定程序，削减征管机构及征管人员的自由裁量权。总而言之，尽管我国税收制度及税制结构存在一定的弊病，但相关的改革必须遵循税收法治化的路径，换句话说，只有按照法治化的路径优化税制结构才能建立真正的现代税收制度，在政府与纳税人之间建立良性的沟通机制，才能切实改进国家治理机制并夯实国家治理的基石。

同时，税制结构的优化还必须适应经济新常态和经济结构转变的要求，适应“大众创业、万众创新”的要求，摆脱单纯依靠要素投入或投资驱动经济增长的方式，实现社会经济的可持续发展。

7.2 货劳税制度的优化路径与政策选择

7.2.1 “营改增”与增值税制度的优化

1954年法国正式开征增值税，旨在消除产品税或周转税所产生的重复征

税问题。1962年欧洲经济共同体财政金融委员会（又称纽马克委员会）建议成员国采用增值税，1963年推荐将增值税作为销售税的一般形式；1967年增值税得到欧共体的一致认可并成为加盟的一个必要条件。增值税在法国及欧共体的成功实施推动了其在世界各国的普及，迄今为止共有170多个国家或地区开征增值税。随着世界各国增值税实践的不断深入，增值税制度得到了持续不断的完善。世界各国的增值税大体可以分为三种类型：第一类是不完整增值税，其具有初期增值税多选择性的特征，或征税范围不到位，或类型特殊，或税率结构复杂，或特殊规定过多。我国1994年起实施的增值税就属于这种类型。第二类是欧盟型增值税，其由欧盟发布指令确立共同运行规则，使增值税能在欧盟各国之间共同运行。由于各国原有税制基础不同，又保留了许多特定临时性条款，从而增加了税制运行的复杂性。国际增值税专家认为它实际上是政治协调的产物，从科学性角度来看不能算作好的增值税类型。第三类是现代型增值税，由新西兰于1986年开始实行，坚持了欧盟型增值税的相同原则，却避免了欧盟型增值税制的复杂性。现代型增值税对国内消费的商品和劳务供应品实行普遍征收，是征税范围最完整的增值税，其与消费税配合形成最佳货物劳务征税制度结构；实行单一税率大大降低了因税率划分带来的复杂性；按照目的地征税原则，避免重复征税，便利货物劳务的流通。国际税制专家认为，现代型增值税具有税制简化、机制严密、对经济扭曲最小、征纳成本最低、易于管理等特点。特别是，现代型增值税确立了科学的注册标准，标准以上的均按照增值税办法纳税，而不达标准的则实行免征办法，有利于对低收入者实施必要的扶贫政策。①

我国于1979年开始引入增值税试点，并于1994 年将增值税作为主要的货劳税加以实施，由此在货劳税内部形成了对货物征收增值税、对劳务征收营业税并对部分货物征收消费税的征税格局。增值税和营业税并行征收，导致增值税抵扣链条不完整，在一定程度上导致营业税涉及的相关行业存在较为明显的重复征税，不仅阻碍了营业税相关产业的发展，而且在一定程度上妨碍了制造业的发展。2009 年，增值税实现从生产型向消费型转变之后，我国于2011年推出"营改增"政策，并于2012年初正式在上海的交通运输业和部分现代服务业开展试点。自2012年8月1日起至年底，国务院将"营改增"试点扩大至10省市；2013年8月1日，"营改增"推广至全国试行；自2014年1月1日起，将铁路运输

① 韩绍初. 中国增值税应进行第三次重大改革[J]. 涉外税务，2010(9).

和邮政服务业纳入营业税改征增值税试点，至此交通运输业已全部纳入“营改增”范围；自2014年6月1日起，将电信业纳入营业税改征增值税试点范围。2016年财政部、国家税务总局发布《关于全面推开营业税改征增值税试点的通知》（财税〔2016〕36号），要求自2016年5月1日起在全国范围内全面推开营业税改征增值税试点，建筑业、房地产业、金融业、生活服务业等全部营业税纳税人纳入试点范围，由缴纳营业税改为缴纳增值税。至此，原营业税的征税范围全部纳入了“营改增”试点的框架之中。如表7-1所示。

表7-1 我国“营改增”的基本历程

时间	地区	行业
2012.01.01	上海	交通运输业和部分现代服务业
2012.09.01	北京	交通运输业和部分现代服务业
2012.10.01	江苏、安徽	交通运输业和部分现代服务业
2012.11.01	福建、广东、深圳、厦门	交通运输业和部分现代服务业
2012.12.01	天津、湖北、浙江、宁波	交通运输业和部分现代服务业
2013.08.01	全国范围	适当扩大部分现代服务业范围
2014.01.01	全国范围	铁路运输和邮政服务业
2014.06.01	全国范围	电信业
2016.05.01	全国范围	建筑业、房地产业、金融业、生活服务业

“营改增”是我国社会主义市场经济向纵深发展过程中的重要战略选择，承载了社会经济转型和税收制度优化的众多任务。在改革之初，“营改增”是以结构性减税的重要内容加以推出的，其目标是减轻现代服务业的税收负担，振兴现代服务业发展，并推动我国经济结构的转型升级。伴随着“营改增”的不断推进，其开始触及中央和地方之间的财税体制优化，即如何有效发挥两个积极性的问题。实际上，“营改增”已经成为我国税制改革的重要支点，是我国优化税制结构的重要契机。

第一，以“营改增”为契机调整现有货劳税格局。“营改增”将原来对某些行业课征的营业税改为课征增值税，必然导致增值税收入在全部税收收入的比重上升；到“营改增”全面完成时，增值税在货劳税内部及整个税收制度中的地位会得到进一步提升。基于此，我国有必要以“营改增”为契机，逐步降低增值税的税负率，降低增值税收入在全部税收中的比重，从而避免增值税“一税独大”的现象。值得考虑的选择是，将现有17%的标准税率降低到13%左右，对居民生活必需品实行低税率10%。由于“营改增”将大幅度减少地方税的收入来源，故而有必要重建地方税收收入来源，可以考虑的思路包括两个方面：一是以“营改增”之前中央和地方两税的各自占有比例为基础，重新划分增值税的分享比例。比如，2016年4月的《国务院关于印发全面推开营改增试点后调整中央与地方增值税收入划分过渡方案的通知》（国发〔2016〕26号）规定，以2014年为基数核定中央返还和地方上缴基数，所有行业企业缴纳的增值税均纳入中央和地方共享范围。其中，中央分享增值税的50%，地方按税收缴纳地分享增值税的50%。中央上划收入通过税收返还方式给地方，确保地方既有财力不变；中央集中的收入增量通过均衡性转移支付分配给地方，主要用于加大对中西部地区的支持力度。二是将增值税分为产制批发环节增值税和零售环节销售税，前者界定为中央税，后者界定为省级政府地方税。产制批发环节的增值税有助于消除地方政府为GDP和分享收入而产生的投资冲动，而零售环节的销售税则有助于地方政府培育消费群体，提升消费在经济增长中的影响力。

第二，以“营改增”为契机优化货劳税与所得税之间的税制结构。“营改增”以后，大部分企业的货劳税负担下降，相应的所得税负担会随之上升。对于小规模纳税人而言，其增值税征收率仅为3%，而原有的营业税税率要么等于3%、要么高于3%（原营业税税率为3%、5%或5%～20%），企业税收负担变化不大。考虑到增值税属于价外税，则需要将其销售收入（营业额）换算为不含税收入，故而其实际税负率将低于营业税条件下3%的税率。也就是说，小规模纳税人的货劳税负担下降是必然的。对于一般纳税人而言，其货劳税负担率的升降主要受到两个因素的影响：一是“营改增”后的新税率，二是其能够抵扣的增值税进项税额。如果“营改增”之后的新税率偏高，且能够抵扣的进项税额偏少，那么税负率上升就是必然现象。从实际情况看，尽管“营改增”在一定程度上提高了小部分企业的货劳税负担，但对绝大多数企业来说，其货劳税负担都有所下降。按照我国现有税务会计核算规则，营业税作为营业税金可以在所得税前扣除，而增值税却不能在所得税前扣除。因此，“营改增”可能会增加企业的所得税负担。同时，伴随着“营改增”的实施，原营业税的后续产业将能够获得原来无法获得的增值税专用发票，能够抵扣的进项税额将进一步增加，从而导致其应缴增值税下降。随着货劳税负担的下降，企业经营绩效会相应提升，其所得税负担会有所增加。这样，一方面货劳税负担下降，而另一方面企业所得税负担上升，将使我国的货劳税与所得税之比有所下降，从而促进我国税制结构进一步优化。

下一阶段，“营改增”需要进一步向纵深发展，全面完成时代赋予“营改增”的任务。其一是通过“营改增”建立维护市场统一的增值税制度框架，其核心是不仅要消除相关行业性和区域性的歧视性制度规定，而且要促进商品和要素的低成本自由流通。其二是实现“营改增”之后中央和地方之间财税体制的重构，为地方政府建立有效的收入来源，其重点是地方税系的构建。

7.2.2 消费税制度的优化

消费税制度的优化取决于消费税在我国税收制度体系中的定位。根据近年国内对消费税主题的讨论，其主要涉及四个问题，即对哪些消费品征税，按照什么样的税率征税，在什么环节征税，归属于中央税还是地方税或共享税？

按照1994年税收制度设计及20年来征税范围的调整，目前消费税的征税范围大致包括以下方面：一是通过对高档消费品（或奢侈品）征收较高的税率，以调节收入分配差距；二是对不可再生资源征税，以降低对生态环境的污染或提升社会经济的可持续发展能力；三是对过度消费影响身体健康的相关产品（烟酒等）征税，以保护居民健康；四是对能够产生较多财政收入的消费品征税，以敛聚财源。目前，我国现行消费税对上述项目均有所涉及，但涵盖的层次和内容尚不够丰富，效果仍不够显著。比如，我国对珠宝玉石、高档手表、高尔夫球及球具、游艇、高档化妆品等征收消费税，试图控制收入分配差距，但效果并不理想。是否需要进一步扩大高档消费品的范围，提高其适用税率，在学界尚未达成一致意见。尽管名义上消费税具有一定的收入分配调节作用，但在货物流通国际化加速的格局下，提高国内消费税的税率，可能将该部分消费者挤出到国外市场。近年来不断兴起的奢侈品代购在一定程度上证明了上述判断。从这个意义上讲，不能想当然地扩大消费税的收入分配功能，而必须回归消费税的本来面目。

我国对不可再生资源如成品油征税，在一定程度上具有控制环境污染的效果，但在我国汽车工业大发展的格局下，试图简单通过对成品油征收消费税来控制环境污染是难以实现的，或者说，我国汽车工业发展与环境控制之间的矛盾正不断凸显出来。从某种意义上讲，汽车工业的发展已经在一定程度上绑架了国民经济的发展和地方财政收入的增长。因此，我国不仅需要对成品油、小汽车、摩托车等征税，而且要采取相关的措施控制汽车工业的盲目发展；不仅要对上述产品征收消费税，而且要根据其产生的环境污染情况征收较高的补偿性消费税。另外，还要考虑进一步扩大对不可再生资源的征税范围，对含汞和氟的电池、不可降解塑料制品等产品课征消费税，保证环境质量。

我国对过度消费影响身体健康的相关产品（烟酒等）征税以保护居民健康，但居民对烟酒的消费量却不断增加，说明现行消费税政策在一定程度上是失败的。我国虽于2005年批准加入了《烟草控制框架公约》，但截至目前我国依然是世界最大烟草生产国和消费国，烟民超3亿人，每年约有140万人因吸烟导致的疾病死亡。世界卫生组织提供数据显示我国的卷烟总税率为零售价格的40%左右，低于国际上卷烟税率65%～70%的平均水平。从这个意义上讲，我国需要进一步提高烟草的消费税率并进而提高其价格，控制居民对烟草的消费数量。2015年5月我国将卷烟批发环节的消费税率由5%提高至11%，并按0.005元/支加征从量税，在一定程度上回应了上述需求。要注意的是，尽管提高烟草的消费税率能够提高其价格水平并在一定程度上控制其消费量，但由于烟草消费成瘾难以戒除，故而提高消费税率可能会导致低收入烟民的烟草支出进一步增加，不仅没有控制烟草消费，反而会降低其实际收入水平并扩大收入差距。因此，控烟不能简单从消费税及居民消费端入手，而且需要从生产环节着手，一方面提高烟草质量降低其对居民健康的影响程度，另一方面要控制烟草企业的扩产冲动。与之相似的是，白酒行业的消费税也未能控制不断飙升的消费规模。白酒行业在产制环节征收消费税，未能有效提高零售价格中的消费税比重，需要将其征税环节后移至零售环节，从而真正达到控制白酒消费量的目的。

总体来看，我国消费税的征税范围需要进一步扩大，要逐步将高耗能、高污染产品及部分高档消费品纳入征收范围；在税率设计上，对奢侈品及高档消费品的税率标准不需要一味地提高，对不可再生资源产品的税率可适度提高以匹配其所造成的污染水平，对烟酒等消费品的税率可适度提高以控制消费水平，对于那些以财政收入为目的的征税对象完全可以就地取消。换句话说，消费税的改革重点是提高对消费行为的调控能力，其目的是“寓禁于征”而不是获得较高规模的收入。

对于消费税的征收环节，笔者认为可以从产制环节后移到零售环节，并以直观的价外税标注方式让普通居民切实感受到消费税的存在，特别是对于“寓禁于征”的相关消费品更应该如此。对于消费税的归属，赖勤学（2013）[①]、吴希慧（2014）[②]等认为在“营改增”之后可以将其改造为地方税的主体税种；但尹音频和张莹（2014）[③]认为消费税其实不适合作为地方税的主体税种，笔者认为他们的主张是有道理的，地方税的主体税种还需要从其他方面下手。

7.2.3 其他货劳税制度的优化

按照第2章关于税收制度的分类方法，笔者认为货劳税的范围大致包括增值税、营业税、消费税、资源税、车辆购置税、烟叶税、关税和城市维护建设税，而增值税、营业税和消费税的优化问题已在上文中讨论，车辆购置税和烟叶税的内容相对单一，故而本节仅重点讨论资源税、城市维护建设税和关税的制度优化问题。

7.2.3.1 资源税制度的优化

资源税制度的优化，主要涉及三个问题：一是征税范围的扩大；二是税率的提高；三是定额税改征从价税的问题。同时，资源税制度的优化必须处理好与消费税及环境保护税的关系，处理好资源税收入的划分问题，实现调节级差、节约资源、保护环境的目标，并进而推动经济结构和经济增长方式转变。

根据资源税的课征目的可以分为一般资源税和级差资源税，前者针对土地、矿藏、水流、森林、山岭、草原、荒地、滩涂等国有资源，就其使用者取得应税资源的使用权而开征；后者仅对资源开发者因自然条件的差别所取得的级差收入而课征。一般资源税实行普遍开征，体现有偿使用（开采），重点是加强资源的管理和合理利用；级差资源税的重点是调节资源的级差收入，我国目前的资源税就属于级差资源税[④]。征税范围的确定或扩大，核心是选择何种性质的资源税，如果是选择一般资源税，我国则需要将水流、森林、荒地等一般意义上的自然资源纳入资源税的征税范围；如果是选择级差

① 赖勤学. 可否将消费税改造成地方税主体税种[N]. 中国税务报，2012-07-17(B02).
② 吴希慧. 消费税作为地方税主体税种的可行性研究[J]. 会计之友，2014(26).
③ 尹音频，张莹. 消费税能够担当地方税主体税种吗?[J]. 税务研究，2014(5).
④ 谢美娥，谷树忠. 我国资源税的功能缺陷研究及改革建议[J]. 宏观经济研究，2007(3).

资源税，则可根据现有资源税的征税范围或税目进行适当调整①，而不做较大范围的修订。目前，我国现阶段资源税的重点依然是调节级差，尚无法对国内全部一般意义上的自然资源进行普遍性征税，故而征税范围不宜扩大过多，实现节约资源和保护环境的目标需要通过税率等要素优化来完成。

在级差资源税的条件下，税率优化的重点，一是合理确定各地各类资源的级差收入；二是如何利用税率来促进资源节约和保护环境；三是定额税率如何转化为从价税率。显然，合理确定各地各类资源的级差收入是有一定困难的，除探矿可以在一定程度上了解各地各类资源的品位之外，具体的级差收入更多是资源方的商业秘密，因而从级差收入的角度确定税率需要较大的弹性空间，由各地方财税管理机构与自然资源管理机构协商确定。在现行的资源管理方式与资源税征收条件下，诸多资源开采使用方存在明显的“采肥弃瘦、采厚弃薄”现象，回采率偏低，资源浪费比较严重。税率的优化必须在一定程度上缓解上述资源浪费问题，要对伴生矿、共生矿、衰竭期资源、边角资源及回采资源执行优惠税率，鼓励资源的合理开发开采。资源开发开采必然会产生一定的环境破坏，其补偿是通过资源税本身来实现，还是通过环境保护税（费）或其他手段来规制，需要国家层面的统筹考虑。按照中共十八届三中全会的精神，我国将在下一阶段开征环境保护税，因而资源税本身不需要对资源开发开采所产生的环境破坏进行弥补，以避免双重征税。

资源税由定额税率转化为从价税率是一个大趋势。其中，2010年6月率先在新疆进行石油、天然气资源税改革试点，并于随后的12月推广到西部地区的12个省（直辖市、自治区），2011年11月修订的《中华人民共和国资源税暂行条例》明确对原油和天然气按照5%～10%的从价税率征收②；2014年财政部和国家税务总局发布《关于实施煤炭资源税改革的通知》（财税〔2014〕72号），要求煤炭行业按照2%～10%的税率实行从价定率征收，国家税务总局发布的《煤炭资源税征收管理办法（试行）》要求自2015年8月1日起执行上述规定。2016年我国颁发《关于全面推进资源税改革的通知》（财税〔2016〕53号），明确对资源税主要资源品目实行从价计征，从而基本实现了资源税从量计征到从价计征的转变；但实行从价计征之后资源税到底会对国民经济各行业产生什么样的影响，还需要进一步研究。

---

① 我国现行资源税的税目包括：原油、天然气、煤炭、非金属矿矿、黑色金属矿原矿、有色金属矿原矿和海盐。

② 《资源税暂行条例实施细则》（财政部令第66号）规定，原油和天然气按照5%的税率征收。

7.2.3.2 城市建设维护税制度的优化

《中华人民共和国城市维护建设税暂行条例》规定，城市维护建设税的目的在于“加强城市的维护建设，扩大和稳定城市维护建设资金的来源”，故而属于特定目的课税；但同时规定，其收入使用“具体安排由地方人民政府确定”；在实践层面上地方政府没有强调城市维护建设税收入的专款专用，故而与其他税收的性质并没有什么差异。另外，城市维护建设税以增值税、营业税和消费税的应纳税额为基础加以征收，属于附加税，从而应归入货劳税的范畴。由此可见，城市维护建设税之特定目的税名不副实，且附加税的性质与较高的税收占比（2014年位列税收收入第八名，占比3.06%）是无法匹配的。因此，城市维护建设税制度的优化，一是要真正让其回归一般税的实质，二是要从附加税转变为正税。现实的困难在于如果回归一般税并从附加税转变为正税，那么其征税依据是什么？是按照货物劳务的销售收入还是商业活动的利润来征收？其实无论是从哪个角度来征收都将会与现有税收制度体系形成重复征税。从结构性减税和降低货劳税的角度来看，不断减轻商务活动的城市维护建设税负担有助于经济结构的调整和转型，故而有必要逐步降低城市维护建设税的税率并直至取消城市维护建设税，由此产生的地方税收入缺口则通过中央转移支付和地方财政自有财力共同承担。另外一种思路是将城市维护建设税制度的优化与财产税改革结合起来，即将受益税性质的城市维护建设税内化入房地产税体系，其实质依然是取消城市维护建设税。

7.2.3.3 关税制度的优化

长期以来，关税在我国税收制度中具有非常重要的地位，其组织的税收收入占比较高。2014年我国关税收入为2843.41亿元，税收收入总额为119715.31亿元，关税收入占比为2.39%，在全部税收收入中位列第10位。[①]在国际经济一体化不断加速的格局下，关税税率不断降低是世界发展的基本趋势，而我国关税平均税率仍然整体偏高。按照《2015年关税实施方案》及海

① 数据来源：《2014年全国一般公共预算收入决算表》，http://yss.mof.gov.cn/2014czys/201507/t20150709_1269863.html.

关总署有关负责人的解释，我国加入世贸组织的降税承诺已于2010年全部履行完毕，2015年最惠国税率维持不变，我国关税总水平仍将为9.8%，其中农产品平均税率为15.1%，工业品平均税率为8.9%。[①]但要注意的是，部分商品（比如汽车）的国内外价格差异相对较大，在一定程度上影响了国内居民的消费意愿，不利于以消费推动社会经济发展的基本指向。因此，下一阶段我国有必要进一步降低主要商品的关税水平，既保护国内相关产业发展和财政收入的稳定取得，又有效提高居民的消费意愿。

7.3 所得税制度的优化路径与政策选择

7.3.1 个人所得税制度的优化

在所得税方面，重点是在逐步提高税收收入的绝对额及其占全部税收收入的比重。尽管企业所得税对于国民经济的稳定运行及居民收入分配具有一定的作用，但对此更具影响力的是个人所得税。自1965年以来，OECD国家企业所得税比重的下降与个人所得税比重的上升，已经不断证实了个人所得税在国民经济运行中的重要地位。我国的现实情况是，1994年以来个人所得税的绝对额和相对额均呈快速上升趋势，但近年不断调整工资薪金所得扣除标准的改革渐渐使个人所得税改革误入歧途，从而在一定程度上减弱了我国不断提高个人所得税地位的努力。为此，我国亟须尽快启动以“综合与分类相结合”为核心的个人所得税改革，提升个人所得税在税收制度中的地位，提升民众的纳税意识及民主法制意识，提高个人所得税对居民收入分配的调节作用，矫正非均衡的税制结构。[②]

7.3.2 企业所得税制度的优化

为了规范政府与企业之间的分配关系，维护我国的财政收入利益，我国在改革开放之初开始建立企业所得税制度。彼时的企业所得税制度不仅内外

① 《2015年最惠国税率维持不变 我国关税总水平仍保持9.8%》，http://finance.ifeng.com/a/20150112/13422245_0.shtml.

② 近年来学界对如何启动以“综合与分类相结合”的个人所得税改革已经有较多讨论，本书不再赘述。

资企业所得税不统一，而且内资的不同所有制企业之间、外资的不同性质企业之间所得税均有差异。比如，外资企业所得税有外国企业所得税和外商投资企业所得税之分，后于1991年统一为外国企业和外商投资企业所得税；内资企业所得税则有国有企业所得税、集体企业所得税、私营企业所得税等，后于1994年合并为企业所得税（一般称为内资企业所得税）。内外资企业适用不同的企业所得税制度给我国的投资环境及经济运行带来较大的负面影响，也不符合所有企业同等享受国民待遇的WTO原则。为此，我国于2008年以立法的形式将内外资企业所得税统一为一套企业所得税制度。应当说，2008年建立的新所得税制度消除了我国企业所得税制度方面的诸多弊端，基本符合社会主义市场经济运行的基本要求，在较大程度上符合国际通行规则。从近年来学界对新企业所得税制度的讨论来看，主要是集中在技术层面的内容，而较少探讨制度层面的问题，在一定程度上说明现行企业所得税制度是较为科学的，是比较完善的。

当然，任何制度都不可能是完美无缺的，就我国现行企业所得税而言，其制度优化可以从以下三个方面着手：第一，适时调低名义税率，提高税负竞争力。据统计，2008—2011年，117个样本国家的企业所得税平均税率呈持续下降趋势，从24.34%下降到22.96%。基于此，建议今后仍要密切关注并及时研判世界各国企业所得税税率的变化趋势，并结合我国实际适时作出调整。第二，要适度拓宽税基，发挥税收的引导作用。一方面，要清理和规范税收优惠，避免区域性及地方性税收优惠与变相优惠的泛滥；另一方面，则需创新税收优惠制度设计，合理设计加计扣除、投资抵免、加速折旧、递延纳税和减计收入等间接税收优惠方式。第三，要适时推进所得税的一体化进程。长期以来，我国实行的是传统的古典制所得税模式，即企业所得税和个人所得税并存，对企业的留存利润征收企业所得税，对企业的分配利润向股东征收个人所得税，并不作任何扣除，从而导致对股息、红利的经济性重复征税，有违税收公平原则和经济效率原则，并扭曲了企业的投资决策和资本结构。下一步应借鉴国际经验，配合个人所得税综合与分类相结合税制模式的逐步建立，在现有实践基础上继续推进所得税的一体化。[①]

① 王海勇. 应建立具有国际竞争力的企业所得税制度[N]. 中国税务报，2014-08-20(B01).

7.3.3 土地增值税制度的优化

我国于1994年建立土地增值税制度，目的在于“规范土地和房地产市场交易秩序，合理调节土地增值收益，维护国家权益”，因此土地增值税属于资本利得税的范畴。随着我国房地产市场的不断发展壮大，土地增值税的规模也不断增加。2014年全国土地增值税规模达到3914.68亿元，位居地方财政一般公共预算收入的第五位，仅次于营业税、国内增值税、企业所得税和契税。尽管土地增值税在地方财政收入中占有非常重要的地位，但学界对土地增值税的研究并不多见。李力和周充（2007）[①]认为在“招、拍、挂”之后，土地增值收益已经提前一轮完成分配，故而大部分项目没有形成土地增值税税负，因此主张暂缓征收土地增值税；而刘植才（2007）[②]则认为土地增值税有长期存续的必要，可以考虑相关措施加以完善；刘植才（2014）[③]进一步认为，在彻底“营改增”的条件下，应该对“转让无形资产”和“销售不动产”改征增值税的同时取消土地增值税，并开征房地产税和房地产交易特别税。

关于土地增值税的存废，本书认为主要有两条路径：一是全面取消土地增值税，并通过房地产税来弥补其资金缺口，从而改造成为完全的财产税；二是改造土地增值税并降低其税收负担，而税收负担的缺口则由后续开征的房地产税来弥补。在两个方案中，本书认为全面取消土地增值税并不完全可取。从理论层面上讲，土地开发环节过高的利润率确实需要调节，土地增值税承担资本利得税的功能是有理论依据的，尽管其与企业所得税在实质上构成了重复征税。其实，我国曾于1996年对烟草商业企业按照税后利润的15%征收烟草专营利润收入，其实质亦是对其过高的利润率进行调节。从操作层面上看，2014年我国土地增值税规模接近4000亿元，是地方财政收入的重要来源。考虑到“营改增”对地方财政收入造成的冲击，如果再贸然取消土地增值税则可能会对地方政府的运行造成较大的困难。因此，总体上本书倾向于采取第二种方案优化土地增值税。[④]

---

① 李力，周充．土地增值税的征收应缓行[J]．财经科学，2007(4)．

② 刘植才．完善土地增值税制度的对策[J]．税务研究，2007(3)．

③ 刘植才．我国土地增值税制度的回顾、评价与展望——基于与中国台湾地区税制比较研究的视角[J]．财政经济评论，2014(2)．

④ 近期学界对土地增值税的汇算清缴、税收筹划、税收征管等问题进行了较多讨论，本书不再赘述。

7.4 财产税制度的优化路径与政策选择

7.4.1 静态财产税制度的优化

我国的静态财产税制度体系主要包括房产税、城镇土地使用税、车船税等内容，其中的核心是房产税。我国现行的房产税制度是根据1986年国务院颁布的《中华人民共和国房产税暂行条例》建立起来的，其以房屋为征税对象，以房屋的计税余值或租金收入为计税依据，向房屋产权所有人征收。随着我国房地产市场不断发展壮大，地方财政对房地产相关税费的依赖程度不断上升，特别是伴随着“营改增”所带来的地方税收入锐减及对房地产市场调控需求的不断上升，学界及实务界对房地产税制度改革的呼声渐隆。比如，中共十八届三中全会明确提出，“加快房地产税立法并适时推进改革”[①]。那么，如何改革和完善房地产税制度以优化税制结构，并回应社会对收入分配、经济调控和地方税系建设的需要呢？实际上，房地产税制度的优化必须回答以下问题：房地产税制度改革到底是小改还是中改，抑或是全面重构的大改？房地产税在地方税系中能够起什么样的作用？房地产税是否需要承担调节房地产市场运行的职能呢？

按照我国现行制度设计，房地产税费主要包括房地产开发环节、占有环节、转让环节、租赁环节等方面的税费。其中，开发环节涉及的税费主要包括营业税、城镇土地使用税、企业所得税、土地增值税、土地出让金及相关规费；转让环节涉及的税费主要包括营业税、契税、印花税、企业所得税（或个人所得税）及相关证照和中介费；占有环节涉及的税费主要包括城镇土地使用税、房产税等；租赁环节涉及的税费主要包括房产税、营业税、企业所得税（或个人所得税）及中介费等。[②]显然，我国房地产税制度建设不可能将房地产行业涉及的全部税费统一为一个税种，那么可以将哪些在性质上相近的税费进行有效的归并呢？

房地产税制度构建的核心是将现有仅对小部分房产征收的房产税延展至向城乡居民的存量住房及各企事业单位的房产征税。很明显的是，与房地产活动相关的营业税、所得税及相关证照和中介费用不属于财产税的范畴，契

① 据新华社2015年8月5日报道，房地产税法在内的34项立法任务正式进入全国人大的立法规划。

② “营改增”之后的营业税已全面改成增值税。

税属于动态财产税的范畴，印花税属于行为税或其他税的范畴，均无法整合进房地产税的框架之内。

按照现行制度体系，城镇土地使用税对城市、县城、建制镇、工矿区范围内使用土地的单位和个人，就其占用的土地面积按照规定的税率征收。城镇土地使用税的征税对象是营利行为（从事经营活动的单位和个人）占用的土地；而现行房产税的征税对象主要包括两类，一类是营利行为（从事经营活动的单位和个人）使用的房产，另一类是居民用于租赁活动的居住型房产或住房。如果将同属于静态财产税的城镇土地使用税[①]与现行房产税合并为房地产税，并将其征税范围拓展至所有城镇土地及居于其上的房产，那么不仅可以覆盖从事营利行为所占用的土地及其使用的房产，而且可以覆盖普通居民的非营利性房产及其附属的土地，即覆盖所有存量性质的土地及房产。此所谓小改的房地产税制度方案。

小改的房地产税制度方案设计将产生一个问题，即如何处理因对普通居民的存量性房产征税而产生的重复征税问题。其原因在于，居民购买住房时已经支付了隐含于房价之内的土地出让金，现在不仅要对存量住房征税而且要对其占用的土地征税，从理论上讲存在明显的重复征税，从实践上讲难以说服税负突增的普通民众。因此，有必要将土地出让金整合进房地产税的框架。整合土地出让金有三种模式，一是暂停土地出让金的收取并仅对新进入市场的房地产征收房地产税；二是暂停土地出让金的收取，对全部存量房地产（含存量房地产和新增房地产）均征收房地产税，但对原存量房产给予一定的优惠；三是降低土地出让金的规模或比例，并对全部房地产征收房地产税，但对原存量房产给予一定的优惠。其中，第一种模式能够获取的房地产税收收入相对有限，不符合调节收入分配差距的基本思想，在短期内也难以满足地方政府的资金需求；第二种模式可以带来较大规模的房地产税收入，但对原有全部存量房征税可能带来较大的民众抵触；第三种模式不仅可以带来较大规模的房地产税收入，而且可以获得一定的土地出让金收入，当然也会存在较大的民众抵触。此所谓中改的房地产税制度方案。

大改的房地产税制度方案不仅要整合土地出让金，而且要整合土地增值税及相关建设规费，其整合的重点是开发环节的各项税费。如果土地在出

① 部分学者将城镇土地使用税归为资源税，在一定范围内是可以接受的；但本书认为，在我国开征房地产税而非房产税的格局下，将城镇土地使用税归结为静态财产税的范畴更为合理。

让环节没有所谓的土地出让金，自然就不会产生相应的土地增值额及土地增值税，因此中改方案的第一和第二种模式很容易过渡到取消土地增值税的模式。学界认为，取消土地出让金和土地增值税能够在很大程度上降低开发综合成本，从而大幅度降低房地产的入市价格，进而为房地产税的开征留足相应的空间，因而纳税人的压力将会大幅度降低。但在我国现有的地方政府收入中，土地出让金和土地增值税的份额较高，全部取消将给地方政府带来较大的筹资压力。进一步讲，在进入买方市场之前的房地产价格均是由开发商及二手市场的卖方控制的，买方无法将其在保有环节需要缴纳的税费逆向转嫁给开发商或卖方，故而开发商或卖方仍然能够获取较高的价格及其利润。一方面，政府未能从土地端取得出让金及土地增值税，筹资压力猛增；另一方面，买方未能享受到较低的房地产价格却必须缴纳存量性质的房地产税，福利水平进一步降低。从这个意义上讲，中改方案的第一和第二种模式及其延伸的大改方案在操作层面上将遭遇较大的障碍，其可行性相对较差。

在城市土地国有制的条件下，开发商及相关主体获得土地使用权不可能是无偿性的，因而在获取土地使用权的初始环节是存在一定费用的，但可以大幅度降低土地出让金的规模或比例。土地增值税是以房地产开发环节土地的大幅度增值为基础征收的，其本质属于资本利得税，而不是财产税的范畴，故而全部取消土地增值税缺乏理论基础。换个角度来看，取消土地增值税是否就一定可以降低房地产市场价格呢？显然，房地产市场的价格是由供需双方决定的，而一厢情愿地降低开发商的成本是难以起到应有效果的。虽然不能取消土地增值税，但可以考虑降低土地增值税对于房地产综合开发成本的影响，即降低土地增值税的税负率从而控制开发成本的上升，或者说控制综合开发成本中的土地增值税比例。在降低土地出让金及土地增值税规模的条件下，延伸中改方案的第三种模式构成了本书较为认同的大改方案。①

房地产税制度建立起来后，将成为财产税制度的核心税种。学界普遍认为，财产税具有成为地方税主体税种的良好禀赋。其原因在于，财产税的征税对象具有非流动性，社会经济效应具有明显的区域性，税源稳定且具有一定的弹性。从世界各国的实践来看，财产税构成了地方政府的主要收入来源。我国构建的新型房地产税制度囊括了原有的房产税、城镇土地使用税及

① 学界对如何确定房地产税的征税范畴、税率、免税面积、优惠条件及征管措施有非常详尽的讨论，本书不再赘述。

部分土地出让金和土地增值税的内容，收入规模将今非昔比，将成为地方政府收入的重要支撑。要说明的是，我国的“地方”政府包括省级以下的所有地方政府，而西方国家的“地方”政府仅包括基层政府，两者具有明显的差别。特别是以房地产税为核心的财产税所具有的受益性仅能够与基层政府的支出责任相匹配，而无法满足省级政府的支出需求。因此，在地方税体系中房地产税只能成为市县级地方税系的核心税种，而不是我国一般语境下地方税系的核心税种。

房地产税是基层政府的重要收入来源，但却不可能仅仅承担组织财政收入的功能。事实上，学界对其调节功能是有很大期待的。在房地产市场价格大幅度上升的市场环境下，学界非常期待利用存量性质的房地产税打压房地产投资行为，以为通过增加投资者的税收负担可以降低其投资需求并进而降低市场价格。实际上，尽管学界认为房地产税属于财产税（或直接税）不容易转嫁，但卖方市场的现实却清晰地证明现有房地产相关税费负担可以较为容易地转嫁给买方。无论是二手市场上基本由买方承担了房产交易中的税收及相关费用，还是租赁市场上由租房者承担相关税费，都能很好地说明期待房地产税打压投资需求是难以实现的。尽管房地产税不能很好地调节房地产市场价格，但其对居民收入水平的调节是在一定程度上可以实现的。房地产税对居民收入分配的影响主要是通过对居民拥有的房地产实行差异性的税收负担设计来实现的。比如，对居民的唯一居住用房免税，而对多套住房拥有者征税；对普通商品房实行低税率，对高档住房和豪华别墅实行高税率；对房改房、棚改房、回迁房等实行低税率，对商品房实行较高税率；等等。另外，学界还主张对普通居民的第一套住房或一定的住房面积给予免税政策，对超过规定面积或套数的住房按照标准税率征税，均能在一定程度上实现居民收入再分配。

7.4.2 动态财产税制度的优化

我国动态财产税主要包括契税、遗产税和赠与税，由于遗产税、赠与税尚未正式开征，故而动态财产税制度的优化主要是优化契税和开征遗产税、赠与税。

7.4.2.1 契税制度的优化

2014年我国契税收入为4000.7亿元，位居全国税收收入的第六名[①]，在地方税收收入中位居第四名，仅次于营业税、国内增值税和企业所得税[②]。由此可见，契税在税收制度体系中具有非常重要的地位。我国契税对转移土地和房屋的行为征税，具体来说包括国有土地使用权出让、土地使用权转让（包括出售、赠与和交换）、房屋买卖、房屋赠与和房屋交换。鉴于契税对土地和房屋权属转移征税，故而对我国的房地产市场具有举足轻重的影响。契税作为重要的财产税，其作用是中性化还是调控化呢？或者说其是否应当承担调节收入分配及房地产市场的作用呢？其在我国地方税系的重构中扮演什么样的角色呢？

在早期的契税征管实践中，契税属于中性化的税收制度，不对土地和房屋权属的转移产生额外的影响。但随着房地产市场的不断发展壮大，契税收入规模的不断上升，契税开始成为国家调控房地产市场的重要工具。近年来，房地产市场起起落落，契税税率政策也相应进行了诸多调整，特别是优惠税率的适用对象和时限则随着房地产市场的兴旺与衰退而不断变化。当房地产价格不断上扬时，国家收紧契税的优惠政策；而当房地产市场景气度不够时，国家则在一定程度上放宽契税的优惠政策。实际上，契税不仅应当成为调控房地产市场及其价格的工具，而且应当成为调节收入分配的重要手段。显然，我国尚未建立契税调控收入分配的相关机制，需要在下一阶段的改革中加以实现。

契税在我国现有税收体系中属于地方税，但究竟应当属于哪一级地方税呢？是省级还是市县级呢？按照国内契税管理的实践，大部分地方将其作为省市县共享税。实际上，契税对土地和房屋权属的转移征税，属于典型的区域性税收，即其影响的地域范围相对较窄，故而应当将其作为市县级地方税，而非省级地方税及省市县共享税。

另外，《中华人民共和国物权法》（简称《物权法》）第66条明确规定保护私人的合法财产；契税属于财产税的范畴，显然，作为行政法规的《中华人民共和国契税暂行条例》应当按照税收法治化的基本要求尽快将其上升

① 数据来源：《2014年全国一般公共预算收入决算表》。
② 数据来源：《2014年地方一般公共预算收入决算表》。

为《契税法》，以保证契税征收的合法性。

7.4.2.2 遗产税和赠与税制度的构建

尽管世界各国普遍开征了遗产税和赠与税，新中国成立以来我国也多次提议开征遗产税和赠与税，却从未正式实施遗产税和赠与税制度。[①]实际上，遗产税和赠与税对于调节收入分配具有非常重要的作用；而且我国在近年的实践中也逐步引入了遗产税的基本做法。比如，我国对个人继承不动产不征税，但对个人转让其继承的不动产则按照《个人所得税法》中的“财产转让”税目征税，且没有扣除项目。按照学界的普遍研究成果，本书认为开征遗产税和赠与税的时机已经基本成熟，可以参考国外成功的实践经验构建遗产税和赠与税制度，或建立遗产和赠与两税合一的综合性遗产税制度。为了实现遗产税的收入分配功能，我国可以考虑仅对巨额遗产（或赠与）征收遗产税，而对普通民众的小额遗产实行免税制度。为避免遗产税干扰财产的区域间配置，降低税收征管的难度，遗产税的税制要素需要全国统一，并可参照现行企业所得税的预扣纳税与汇总纳税相结合的制度，即继承人先向遗产坐落地申报预扣预缴，然后向继承人或被继承人所在地申报汇总纳税。从税收收入的归属上讲，鉴于遗产税是地方税系的重要组成部分，故而遗产税收入主要应归遗产坐落地市县级政府所有。

7.5 其他税收制度的优化路径与政策选择

7.5.1 环境保护税制度的构建

随着我国环境容量和环境质量的不断下降，环境保护问题日渐成为政府、学界和普通老百姓非常关心的话题。中共十八届三中全会报告多次提及要通过相关手段改善环境质量。比如，报告要求“完善环境治理和生态修复制度，用制度保护生态环境”“建立生态环境损害责任终身追究制”“建立和完善严格监管所有污染物排放的环境保护管理制度，独立进行环境监管

---

① 刘佐. 新中国遗产税的发展与展望[J]. 税务研究，2000(8).

和行政执法”。为了达至上述目的，报告还特别要求“推动环境保护费改税”。

实际上，国内外学界对环境保护税已经展开了相关卓有成效的研究。在国外，Pigou（1920）[①]提出的庇古税为环境保护税奠定了理论基础，Baumol和 Oates（1971）[②]进一步提出标准收费法以弥补庇古税在实践上的局限，OECD成员国在1972年更是提出了著名的“污染者付费原则（Polluter Pays Principle，简称PPP原则）”，而近期还就环境保护税的双重红利效应及绿色税收、碳税等相关问题进行了深入分析。近年来环境保护税收相关问题一直是国内学界研究的热点话题，并以环境保护税、环境税制、环境税收、绿色税收等题目出现在相关报纸杂志上，相关问题得到了比较深入的讨论[③]。在新的历史时期推动环境保护费改税是实现我国可持续发展和经济结构优化的必要途径，亦是我国优化税制结构的有利时机。建立我国的环境保护税制度，首先要解决两个问题：其一，环境保护税是单一税种还是税收体系；其二，如何设计环境保护税制度。

环境保护税有狭义和广义之分，狭义的环境保护税是一个独立的税种，而广义的环境保护税则是指有利于促进环境保护的各种税收制度及措施，特别是内含于各独立税种的特别规定。按照中共十八届三中全会的报告，“推动环境保护费改税”的基本目标是建立独立的环境保护税；报告还提到了相关保护环境的措施，其目标则可以通过内含于各独立税种的相关措施来实现。因此，建立我国的环境保护制度，不仅要建立独立的环境保护税种，而且要在各税种中嵌入相关环境保护措施，形成环保税体系。

环境保护费改税的重点是建立独立的环境保护税。第一步，应当按照现有环境保护费相关制度，通过环境保护税的方式来征收，实现费改税及制度的硬约束；在征收方式上，可参考房产交易环节相关税收的征收方式，即由环保部门确定环保税额度，由税务部门具体征收。第二步，应当对主要污染物制定详细的税收制度框架。废止现有环保收费中“一企一费”的状况，制定标准的税率并给予一定的浮动空间，控制环保及税务部门的自由裁量权。主要污染物的税收制度既可以单独成为税种，也可以环境保护税的税目

---

① Pigou, A. C. The Economics of Welfare[M]. Macmillan, 1920.

② Baumol, William J & Wallace E. Oates. The Theory of Environmental Policy[M]. Cambridge University Press, 1988.

③ 刘源，邹正峰. 国内外关于环境税问题研究的文献述评[J]. 财经政法资讯，2011(2).

出现。当然，按照建立统一的环境保护税制度目标，最好是以税目的方式出现。从这个意义上讲，环境保护税主要是针对污染排放征税。从环境保护税的功能上看，一是通过征税促进排污企业降低排污量从而控制环境污染；二是通过征税筹集一定资金用于污染治理从而实现生态文明，因此环境保护税属于专款专用性质的税收。

在独立的环境保护税之外，我国还需要完善现有相关税收制度，实现更为有效的环境保护。主要是在增值税、消费税、企业所得税、资源税、关税及进出口环节的相关税收中设计有关制度促进环境保护。有学者提出对使用相关燃料可能导致的污染征收燃料税，但本书认为可以在消费税和资源税中设计相应的制度以实现环境保护。另外，我国现行增值税对化肥、农药、农膜实行13%的低税率，有学者认为是促进环境保护的措施，本书认为这是不对的。事实上，我国农村存在普遍的过度使用化肥、农药和农膜的现象，三者已经成为我国农村面源污染的主要来源，因此本书认为非常有必要取缔上述三种涉农物资的低税率待遇。

要说明的是，加强环境保护推动社会经济可持续发展，单纯依靠环境保护税收制度是做不到的。地方政府若不能在环境保护与经济增长的矛盾冲突中选择优先保护环境，那么环境保护部门在控制污染排放、处罚污染偷排等方面就会面临过多的行政干预，而其（与税务部门共同）确定的税率与税额等也会大打折扣。因此，环境保护与生态文明建设并不是一个环境保护费改税就能够实现的，尚需要政府下大力气、真心地采取行动并长期坚持才能奏效。①

7.5.2 社会保障税制度的构建

改革开放以来，我国逐步完善社会保障制度，多渠道筹措社会保障资金，形成了多层次广覆盖的社会保障体系，极大地保障了城乡居民基本生活水平。但是，我国社会保障水平总体偏低、覆盖面偏窄、层次多且乱，导致居民社会保障与发达国家相比仍有较大差距。为此，中共十八届三中全会提出要“建立更加公平可持续的社会保障制度”，而社会保障税制度的构建是

① 2016年9月，第十二届全国人大常委会第二十二次会议对《中华人民共和国环境保护税法（草案）》进行了初次审议，2016年12月25日，第十二届全国人民代表大会常务委员会第二十五次会议通过，《中华人民共和国环境保护税法》于2018年1月1日起实施。

推进社会保障制度建设的重要环节。据相关统计，全球至少有130多个国家实行社会保障税制度；其中108个国家征收含有工资税、社会保险税、社会税、社会保障捐赠在内的社会保障税。[①]孙春雷和焦建国（2010）[②]、龙卓舟（2011）[③]、尧金仁（2011）[④]所做的文献综述表明，国内学界对社会保障税的开征进行了较为深入的探讨，而且近期对社会保障税的研讨也保持了相对较高的热度，比如曾尹嬿等（2015）[⑤]、孙宇晖和安娜（2015）[⑥]等。

随着我国不断提高社会保障制度的统筹力度，优化社会保障筹资制度、开征社会保障税已经势在必行。构建社会保障税制度，第一，要进一步加大社会保障制度的统筹力度，推进多层次社会保障制度的并轨，实现同一地方和同一社会保险项目的统一管理。现行社会保障收支由县、市、省三级的“块块”和11 个行业的“条条”管理，而基金的行政管理则归属不同部门：企业单位归劳动部门管理，行政事业单位归人事部门管理，医疗保险归卫生部门和职工所在单位共同管理，农村社保和优抚、救济归民政部门管理。加大社会保障统筹，一是要消除行业管理，并将统筹级次从市县提高至省级政府；二是要建立统一的社会保障管理机构，对全部社会保险项目进行统一管理，解决分散化管理导致的资金使用效率不高等问题。第二，要在较高统筹力度的基础上建立社会保障税制度，以税收管理的刚性和强制性替代现有社会保障资金征缴的软约束。其中，各主要项目要分别确定标准化的纳税人、征税对象和税率等税制要素。在征缴社会保障税的初始阶段，不追求社会保障资金规模的大幅度增加，其核心是规范相关制度，提高民众对社会保障税的认同度。第三，要建立标准化的社会保障项目资金支付框架，切实保障民众的基本生活水平及相应的福利水准。建立社会保障税的目的不是简单的费改税，而是要通过建构社会保障税的契机对社会保障制度进行完善，提高相关社会保障项目的支付标准，改善支付流程，实现社会和谐与民众安康。

① 胡鞍钢. 利国利民、长治久安的奠基石——关于建立全国统一基本社会保障制度、开征社会保障税的建议[J]. 改革，2001(4).

② 孙春雷，焦建国. 社会保障税研究综述：基于国内研究视角[J]. 兰州商学院学报，2010(6).

③ 龙卓舟. 我国社会保障税研究述评[J]. 东北财经大学学报，2011(2).

④ 尧金仁. 关于社会保障税的文献综述[J]. 税务与经济，2011(3).

⑤ 曾尹嬿，赵术高，冯瑛. 部分积累制下的社会保障税探究[J]. 税务研究，2015(2).

⑥ 孙宇晖，安娜. 关于我国开征社会保障税的若干思考[J]. 税务与经济，2015(3).

7.6 税收征管制度的优化路径与政策选择

完善我国的税制结构，其核心是提高个人所得税、财产税及相关税种的比重。但现实的情况是我国现行的税收征管制度却较难提供有效的支撑。究其原因，长期以来我国实行“间接+截流”的征管模式，主要收入来自于从企业征收的税收，且主要依靠监控企业的现金流来实现，而对于个人纳税人的征税相对薄弱（对个人存量资产的征税则尤为困难）。因此，我国亟须加强税收征管制度建设，提高对个人纳税人及其存量资产征税的能力，具体来说，就是要提高个人所得税和财产税相关税种（比如房地产税、契税等）的征管能力。

7.6.1 加强信息平台建设，提高税务机关信息获取能力

近年来，我国不断加强个人所得税的征管，实现了个人年所得12万元以上的自行申报纳税，加大了对特定行业高收入人群的税收监控，个税收入绝对额及其在税收总收入中的比重均快速上升。但是，目前我国个人所得税收入主要来源于工资薪金所得，中低收入群体的税收负担很重，也不利于税收公平。个人所得税的征收，难点在于税务机关的信息获取能力太弱，无法掌握社会公众所获得的全部应税收入，而我国现金交易及其他部门的大量存在则加剧了上述矛盾。其实，我国近年来不断推出金财工程、金关工程、金税工程等“金”字头工程并不断进行升级。随着征管改革及信息化等技术的发展，2013年，金税三期工程在全国正式推广，在现有资源基础上，通过制度、业务和技术创新，完成“一个平台、两级处理、三个覆盖、四个系统”的建设，通过覆盖所有税种，有效地强化了税务管理，提高了税法遵从度和税收征收率，降低税收成本，但是，与实现网络的完全覆盖和信息最大程度共享相比，还有很大差距。为此，我国需要建立更高层次的协调部门，妥善处理各部门之间的矛盾，迅速推进综合治税机制。

7.6.2 加强税收信用制度建设，将个人纳税信息纳入征信体系

在2014，国家税务总局公布的《重大税收违法案件信息公布办法（试行）》（国家税务总局公告2014年第41号公布）、《纳税信用管理办法（试行）》（国家税务总局公告2014年第40号公布）、《纳税信用评价指标和评价方式（试行）》（国家税务总局公告2014年第48号公布）等文件中，首次建立对外公布重大税收违法企业信息制度，即税收违法“黑名单”制度，并对纳税人在一定周期内的纳税信用状况进行评价，划分等级。2016年，为驱动健全社会信用体系，国家发展改革委、最高人民法院、人民银行、中央组织部、最高人民检察院、公安部、国家税务总局等44个部门联合签署《关于对失信被执行人实施联合惩戒的合作备忘录》。这一系列政策目的在于“让失信者寸步难行，让守信者一路畅通”。目前我国信用评估体系建设取得长足的进步，但是令人遗憾的是，我国的个人纳税信息尚未完全有效进入现行征信体系，对于我国建立征信国家的努力形成了阻碍。事实上，西方发达国家非常重视税收信用体系的建设，将税收信用广泛运用于信贷担保、投资担保、消费担保、税收优惠政策等领域，为政府宏观管理的体制创新、市场经济的自我调控提供了有效的支撑，弥补了政府决策的不足，并纠正了市场资源配置的不当。长期以来我国社会公众的纳税意识淡薄，较低的逃避税成本是重要原因。将个人涉税信息纳入其征信评价体系，并严格保证政策的实施落实，对个人生活的各个方面形成强大的影响力，有助于个人纳税人积极主动地申报其应纳税款。同时，可以借鉴商业保险的无赔款优待制度，给予高等级的纳税信用个人一定的税收优惠；对于公司高级管理人员等具有大量非工资性收入的高收入群体，可以考虑将其纳税信用作为行业准入条件并定期进行评估，防范高收入阶层的逃避税行为。对于日益普遍的收入费用化行为，可以通过各个部门之间的沟通协调，加强发票管理，消除发票开具与报销过程中的违规行为，等等。

7.6.3 完善税收评估系统，提高对非交易行为的征税能力

长期以来，我国的税收征管是根据企业经济活动来设计的，而且重点是

监控其交易行为，导致现有的征管系统难以对非交易行为进行有效的征税。事实上，我国现行房地产税改革过程所面临的困难，是我国对非交易行为征税能力薄弱的一次集中体现。为此，我国亟须完善税收评估系统，近期的重点是完善对房地产价值的评估系统。为了推动房地产税的征管进程，近年来各地税务系统进行了初步的探索。特别是北京、丹东、重庆、南京、深圳等地利用CAMA系统开发适合当地征管实际的房地产价值评估系统，为在我国全面推开新版房地产税创造了条件。近期，我国应在此基础上进一步整合税收评估系统，提升税务机关对非交易行为的征税能力。随着我国税收评估系统的完善，中央政府需要审时度势，根据社会经济发展的客观需求在全国推开新房地产税的征收。这既涉及房地产税征税对象的选择，又涉及免征面积及套数的决定，还涉及税率等的设计；但无论如何，新房地产税的开征不仅有利于推动我国税收评估系统的完善，而且有助于我国不断提高对非交易行为的征管能力，进而逐步提高直接税在整个税收收入中的比重。

参考文献

[1] 白重恩，钱震杰，武康平. 中国工业部门要素分配份额决定因素研究[J]. 经济研究，2008（8）.

[2] 白重恩，钱震杰. 国民收入的要素分配：统计数据背后的故事[J]. 经济研究，2009（4）.

[3] 白重恩，钱震杰. 劳动收入份额决定因素：来自中国省际面板数据的证据[J]. 世界经济，2010（12）.

[4] 包秀娟. 适当弱化中国增值税累退性的构想[J]. 沈阳大学学报，2009（5）.

[5] 常晓素. 中国财政政策的收入分配效应研究[D]. 成都：西南财经大学，2012.

[6] 陈多长，踪家峰. 房地产税收与住宅资产价格：理论分析与政策评价[J]. 财贸研究，2004（1）.

[7] 陈建东，杨雯，冯瑛. 最低生活保障与个人所得税的收入分配效应实证研究[J]. 经济体制改革，2011（1）.

[8] 陈少克，陆跃祥. 税制结构的性质与中国税制改革研究[M]. 北京：经济科学出版社，2013.

[9] 储德银，闫伟. 税收政策与居民消费需求[J]. 经济理论与经济管理，2012（3）.

[10] 崔治文，王蓓，管芹芹. 我国税收结构与经济增长关系的实证检验[J]. 涉

外税务，2010（6）.
[11] 邓远军. 税制结构的基本决定因素与比较分析[J]. 扬州大学税务学院学报，2004（1）.
[12] 邓子基. 税种结构研究[M]. 北京：中国税务出版社，2000.
[13] 丁正智，韩晓琴. 税制优化战略选择：构建双型税制结构[J]. 税务与经济，2005（4）.
[14] 董庆铮. 对“双主体”税制模式的异议[J]. 中央财政金融学院学报，1989（2）.
[15] 樊丽明，李文. 试论确立我国地方税主体税种[J]. 税务研究，2000（7）.
[16] 方文全. 中国劳动收入份额决定因素的实证研究：结构调整抑或财政效应[J]. 金融研究，2011（2）.
[17] 费怀鹏. 我国税制结构影响收入分配的效应研究[D]. 成都：西南财经大学，2014.
[18] 高凌江. 中国税收分配与税制结构问题研究 [M]. 北京：中国经济出版社，2011.
[19] 高培勇. 揭开税负与物价关系的面纱[N]. 中国财经报，2011-07-12.
[20] 高培勇，杨志勇. 世界主要国家财税体制：比较与借鉴[M]. 北京：中国财政经济出版社，2010.
[21] 高培勇，张斌. 个人所得税：迈向“综合与分类相结合的脚步”[M]. 北京：中国财政经济出版社，2011.
[22] 高培勇. 社会主义初级阶段税制改革模式选择的思路[J]. 财贸经济，1988（11）.
[23] 高培勇. 西方税收——理论与政策[M]. 北京：中国财政经济出版社，1993.
[24] 顾惠祥，袁莹. 价格变动对税收影响的实证分析[J]. 扬州大学税务学院学报，2008（2）.
[25] 关棣尧. 从流转税与所得税比较看我国税制模式的选择[J]. 河北大学学报，1990（3）.
[26] 郭庆旺，吕冰洋. 论税收对要素收入分配的影响[J]. 经济研究，2011（6）.
[27] 郭庆旺，吕冰洋. 论要素收入分配对居民收入分配的影响[J]. 中国社会科学，2012（12）.
[28] 韩仁月. 税制结构变迁、效应及优化研究[M]. 北京：经济科学出版社，

2011.
[29] 韩绍初. 中国增值税应进行第三次重大改革[J]. 涉外税务，2010（9）.
[30] 郝枫. 中国要素收入分配研究进展述评[J]. 经济学动态，2013（8）.
[31] 何茵，沈高明. 政府收入、税收结构与中国经济增长[J]. 金融研究，2009（9）.
[32] 侯梦蟾. 新税制运行中价税关系的几个问题[J]. 财贸经济，1995（2）.
[33] 胡鞍钢. 利国利民、长治久安的奠基石——关于建立全国统一基本社会保障制度、开征社会保障税的建议[J]. 改革，2001（4）.
[34] 胡靖华. 应逐步建立以所得税为主体的税制模式——与周少云同志商榷[J]. 江西财经学院学报，1987（4）.
[35] 胡书东. 中国财政支出和民间消费需求之间的关系[J]. 中国社会科学，2002（6）.
[36] 胡怡建. 如何看待我国价格持续上涨背后的价税关系[J]. 中国税务，2011（11）.
[37] 黄衍电. 中国税制结构：明辨与抉择[M]. 北京：中国财政经济出版社，1999.
[38] 贾克诚. 关于价格与税收的几个问题[J]. 经济研究，1984（9）.
[39] 姜磊. 我国劳动分配比例的变动趋势与影响因素[J]. 当代经济科学，2008（4）.
[40] 经庭如，王业春. “双主体”税制结构模式的分析与构建[J]. 铜陵学院学报，2004（4）.
[41] 李大明. 论税制结构优化与税收征管的关系[J]. 财政研究，1999（6）.
[42] 李稻葵，刘霖林，王红领. GDP中劳动份额演变的U型规律[J]. 经济研究，2009（1）.
[43] 李华罡. 税制结构变迁与优化的政治经济学分析[M]. 北京：中国税务出版社，2009.
[44] 李广众. 政府支出与居民消费：替代还是互补[J]. 世界经济，2005（5）.
[45] 李俊霖. 宏观税负、财政支出与经济增长[J]. 经济科学，2007（4）.
[46] 李力，周充. 土地增值税的征收应缓行[J]. 财经科学，2007（4）.
[47] 李普亮，贾卫丽. 税收负担挤出了居民消费吗——基于中国省际面板数据的实证研究[J]. 经济学家，2013（6）.
[48] 李普亮，郑旭东. 税收负担、财政民生投入与城镇居民消费[J]. 税务与经

济，2014（1）.

[49] 李绍荣，耿莹. 中国的税收结构、经济增长与收入分配[J]. 经济研究，2005（5）.

[50] 李绅望，冯冰. 对外贸易与劳动收入占比：基于省际工业面板数据的研究[J]. 国际贸易问题，2012（1）.

[51] 李实，赵人伟. 市场化改革与收入差距扩大[J]. 洪范评论，2007（3）.

[52] 李铁. 基于促进消费的个人所得税改革研究[J]. 吉林师范大学学报（人文社会科学版），2013（3）.

[53] 李玉红，白彦峰. 地方税制改革格局中的主体税种选择问题研究[J]. 中央财经大学学报，2010（6）.

[54] 李文. 优化税制结构的制约因素分析[J]. 税务与经济，1997（5）.

[55] 李文. 税收负担对城镇居民消费的影响[J]. 税务研究，2011（2）.

[56] 李文溥，谢攀，刘榆. 两税合并的要素收入份额影响研究[J]. 南开经济研究，2012（1）.

[57] 李香菊，祝玉坤. 我国矿产资源价格重构中的税收效应分析[J]. 当代经济科学，2012（2）.

[58] 李渊. 税收调节初次分配的路径选择[J]. 河北经贸大学学报，2012（3）.

[59] 林颖，欧阳升. 零售消费税：我国现行地方主体税种的理性选择[J]. 税务研究，2014（12）.

[60] 廖楚辉，魏贵和. 个人所得税对我国城镇居民收入与消费的影响[J]. 税务研究，2013（9）.

[61] 刘华，陈力朋，徐建斌. 税收凸性对居民消费行为的影响[J]. 税务研究，2015（3）.

[62] 刘海庆，高凌江. 税制结构与经济增长关系的实证研究[J]. 东北大学学报（社会科学版），2011（6）.

[63] 刘军. 我国税制结构、税收负担与经济增长的实证分析[J]. 财政研究，2006（2）.

[64] 刘穷志. 间接税归宿的累退性与居民收入不平等[J]. 经济管理，2011（1）.

[65] 刘蓉，刘楠楠，王齐昊. 税制优化视角下我国结构性减税的联动效应[J]. 税务研究，2013（2）.

[66] 刘润芳，杨建飞. 我国居民收入份额下降的原因分析及对策建议——基于

1992—2008年资金流量表数据分析[J]. 西安财经学院学报，2011（5）.
[67] 刘姁姁. 我国税制结构的居民收入分配效应研究[D]. 成都：西南财经大学，2013.
[68] 刘怡，聂海峰. 间接税负担对收入分配的影响分析[J]. 经济研究，2004（5）.
[69] 刘怡，聂海峰. 价内税和价外税的选择偏好研究[J]. 涉外税务，2005（4）.
[70] 刘源，漆玉龙. 国内外关于税制结构研究的观点述评[J]. 财经政法资讯，2008（6）.
[71] 刘源，邹正峰. 国内外关于环境税问题研究的文献述评[J]. 财经政法资讯，2011（2）.
[72] 刘植才. 完善土地增值税制度的对策[J]. 税务研究，2007（3）.
[73] 刘植才. 我国土地增值税制度的回顾、评价与展望——基于与中国台湾地区税制比较研究的视角[J]. 财政经济评论，2014（2）.
[74] 刘佐. 新中国遗产税的发展与展望[J]. 税务研究，2000（8）.
[75] 刘佐. 改革开放以来我国直接税与间接税比重的变化[J]. 中国财政，2010（12）.
[76] 柳华平，朱明熙. 我国税制结构及税收征管改革的民生取向思考[J]. 经济学家，2013（1）.
[77] 龙卓舟. 我国社会保障税研究述评[J]. 东北财经大学学报，2011（2）.
[78] 罗长远，张军. 经济发展中的劳动收入占比：基于中国产业数据的实证研究[J]. 中国社会科学，2009（4）.
[79] 罗欢. 税制结构对要素收入分配的影响研究[D]. 成都：西南财经大学，2015.
[80] 吕炜. 市场化改革与税制改革变动[J]. 世界经济，2004（11）.
[81] 马拴友. 税收结构与经济增长的实证分析——兼论我国的最优直接税/间接税结构[J]. 经济理论与经济管理，2001（7）.
[82] 马骁，陈建东，蒲明. 我国个人所得税的征收及调节收入差距效果的研究[J]. 财贸经济，2011（5）.
[83] 缪慧星，柳锐. 增值税、消费税和个人所得税对社会消费冲击的动态效应[J]. 税务研究，2012（6）.
[84] 聂海峰，刘怡. 城镇居民的间接税负担：基于投入产出表的估算[J]. 经济

研究，2010（7）.

[85] 聂海峰，刘怡. 增值税的负担分布和累进性演变研究[J]. 经济科学，2010（3）.

[86] 牛似虎. 收入差距对于我国城乡居民消费影响的实证分析[J]. 中央财经大学学报，2012（3）.

[87] 彭升. 我国收入分配差距与公平问题研究[M]. 长沙：中南大学出版社，2008.

[88] 冉光和，潘辉. 政府公共支出的收入分配效应研究——基于VAR 模型的检验[J]. 重庆大学学报（社会科学版），2009（2）.

[89] 饶海琴，冯仲华. 个人所得税调控居民收入分配差距的分层次功能——基于上海市城镇居民收入1990—2006年数据[J]. 上海经济研究，2010（4）.

[90] 邵敏，黄玖立. 外资与我国劳动收入份额[J]. 经济学季刊，2010（4）.

[91] 申嫦娥. 中国的经济增长、需求约束与税收结构[J]. 税务与经济，2006（6）.

[92] 苏明，徐利君. 基于面板数据的地方税收与经济差异性研究[J]. 经济理论与经济管理，2008（3）.

[93] 孙宇晖，安娜. 关于我国开征社会保障税的若干思考[J]. 税务与经济，2015（3）.

[94] 孙春雷，焦建国. 社会保障税研究综述：基于国内研究视角[J]. 兰州商学院学报，2010（6）.

[95] 唐东波. 全球化与劳动收入占比：基于劳资议价能力的分析[J]. 管理世界，2011（8）.

[96] 田志伟，胡怡建，朱王林. 个人所得税、企业所得税、个人社保支出与收入分配[J]. 财经论丛，2014（11）.

[97] 万莹. 我国企业所得税收入分配效应的实证分析[J]. 中央财经大学学报，2013（6）.

[98] 王国清，刘欣. 税金是商品价值的有机组成部分[J]. 经济研究，1985（6）.

[99] 王国清，马骁，程谦. 财政学[M]. 北京：高等教育出版社，2010.

[100] 王乔，汪柱旺. 我国现行税制结构影响居民收入分配差距的实证分析[J]. 当代财经，2008（2）.

[101] 王永进，盛丹. 要素积累、偏向型技术进步与劳动收入占比[J]. 世界经济

文汇，2010（4）.
[102] 汪孝德，叶子荣，尹音频. 中国社会主义税制理论研究[M]. 成都：成都科技大学出版社，1992.
[103] 汪孝德，尹音频，刘蓉. 中国税制模式设计、预测与运行研究[M]. 成都：西南财经大学出版社，2000.
[104] 闻媛. 我国税制结构对居民收入分配影响的分析与思考[J]. 经济理论与经济管理，2009（4）.
[105] 翁杰. 中国农村劳动力转移与劳动收入份额变动研究[J]. 中国人口科学，2001（6）.
[106] 翁杰，周礼. 中国工业部门劳动收入份额的变动研究：1978—2008[J]. 中国人口科学，2010（4）.
[107] 吴利群. 构建财产税为我国地方税主体税种的可行性研究[J]. 税务研究，2005（5）.
[108] 吴希慧. 消费税作为地方税主体税种的可行性研究[J]. 会计之友，2014（26）.
[109] 吴旭东. 税收与价格关系若干问题[M]. 大连：东北财经大学出版社，2003.
[110] 吴晓明. 烟草商业垄断中利益相关者的经济学分析——基于卷烟价格决定、投放结构、税收选择的考察[J]. 经济体制改革，2010（3）.
[111] 吴玉霞. 中国税收结构的经济增长效应研究——基于省级面板数据的统计分析[D]. 天津：天津大学，2009。
[112] 伍山林. 劳动收入份额决定机制：一个微观模型[J]. 经济研究，2011（9）.
[113] 席卫群. 论扩大居民消费的税收效应[J]. 消费经济，2011（6）.
[114] 席玮. 基于间接税转嫁的中国要素收入有效税负测算[J]. 统计研究，2012（11）.
[115] 肖红叶，郝枫. 中国收入初次分配结构及其国际比较[J]. 财贸经济，2009（2）.
[116] 肖文，周明海. 贸易模式转变与劳动收入份额下降[J]. 浙江大学学报（人文社会科学版），2010（5）.
[117] 谢金华. 构建系统合理的价税体系[J]. 江西财经大学学报，2004（1）.
[118] 谢美娥，谷树忠. 我国资源税的功能缺陷研究及改革建议[J]. 宏观经济研

究，2007（3）.

[119] 熊鹭. 对我国税收与价格动态影响关系的实证分析[J]. 税务研究，2011（6）.

[120] 徐建炜，马光荣，李实. 个人所得税改善中国收入分配了吗——基于对1997—2011年微观数据的动态评估[J]. 中国社会科学，2013（6）.

[121] 徐全红. 我国税收政策对居民消费影响的实证分析[J]. 财政研究，2013（2）.

[122] 许冰，章上峰. 经济增长与收入分配不平等的倒U型多拐点测度研究[J]. 数量经济技术经济研究，2010（2）.

[123] 许云芳. 我国个人所得税税制模式、费用扣除额和累进税率改革的探讨——基于收入分布函数的研究[D]. 成都：西南财经大学，2015.

[124] 严成樑，龚六堂. 财政支出、税收与长期经济增长[J]. 经济研究，2009（6）.

[125] 杨春玲，陈炜雅. 民生支出对缩小城乡居民收入差距的效应分析：以浙江为例[J]. 财经论丛，2012（5）.

[126] 杨君茹，戴沐溪. 流转税对于CPI的影响——基于省际面板数据的实证分析[J]. 财政研究，2012（11）.

[127] 杨文芳，方齐云. 财政收入、财政支出与居民消费率[J]. 当代财经，2010（2）.

[128] 尧金仁. 关于社会保障税的文献综述[J]. 税务与经济，2011（3）.

[129] 叶子荣，陈文梅. “双主体税种”税制结构理论评析[J]. 市场与发展，1997（4）.

[130] 叶子荣. 税收分配与税制结构研究[M]. 成都：西南财经大学出版社，1997.

[131] 尹音频，张莹. 消费税能够担当地方税主体税种吗？[J]. 税务研究，2014（5）.

[132] 殷金朋. 税收调节要素收入分配研究[D]. 呼和浩特：内蒙古财经大学，2013.

[133] 於鼎丞，李坤. 从我国税收收入结构探讨税制结构的合理性[J]. 统计与决策，2005（5）.

[134] 于宇，陈红民. 浅谈个人所得税和社会保障制度对消费的拉动效应[J]. 经济视角，2012（3）.

[135] 袁振宇，高培勇. 论社会主义市场经济下的税价关系[J]. 税务研究，1996（6）.
[136] 袁源. 理顺税价关系对流转税实行价外税改革[J]. 中国物价，1990（3）.
[137] 岳树民，李建清. 优化税制结构研究[M]. 北京：中国人民大学出版社，2007.
[138] 曾尹嬿，赵术高，冯瑛. 部分积累制下的社会保障税探究[J]. 税务研究，2015（2）.
[139] 张斌. 扩大消费需求与税制结构调整[J]. 涉外税务，2011（6）.
[140] 张斌. 税制变迁研究[M]. 北京：中国社会科学出版社，2014.
[141] 张杰，卜茂亮，陈志远. 中国制造业部门劳动报酬比重的下降及其动因分析[J]. 中国工业经济，2012（5）.
[142] 张伦俊. 试析税收与价格的影响关系[J]. 审计与经济研究，2001（4）.
[143] 张铭洪. 美国税制结构与改革[M]. 福州：福建教育出版社，1998.
[144] 张念明 . 我国税制结构优化研究[M]. 北京：经济科学出版社，2014.
[145] 张文春. 个人所得税与收入再分配[J]. 税务研究，2005（5）.
[146] 张晓林，靳共元. 我国税制结构与居民消费的实证分析与思考[J]. 中国城市经济，2010（5）.
[147] 张秀敏. 优化税制启动消费需求[J]. 西南交通大学学报（社会科学版），2004（2）.
[148] 张治觉，吴定玉. 我国政府支出对居民消费产生引致还是挤出效应——基于可变参数模型的分析[J]. 数量经济技术经济研究，2007（5）.
[149] 赵蓓，战岐林. 税收、政府支出与消费变动的关系——基于省际面板数据的实证分析[J]. 当代财经，2012（11）.
[150] 赵福昌. 税制结构与收入差距研究[J]. 中央财经大学学报，2011（9）.
[151] 赵静. 收入分配差距测度方法的比较研究[D]. 成都：西南财经大学，2013.
[152] 赵岚. “双主体”税制结构理论质疑[J]. 税务与经济，1999（1）.
[153] 赵岚. “双主体”理论主张行得通吗？——谈我国税制结构中主体税种的优化设计[J]. 税务研究，2001（10）.
[154] 赵云峰. 我国税收政策对消费需求影响的结构异质性研究[J]. 生产力研究，2015（1）.
[155] 赵志耘，杨朝峰. 经济增长与税收负担、税制结构关系的脉冲响应分析

[J]. 财经问题研究，2010（1）.
[156] 郑友峰. 应对我国低消费经济现状的税制改革与协调[J]. 税务与经济，2008（2）.
[157] 周克清. 中贵美贱的税收成因探析[J]. 税务与经济，2012（2）.
[158] 周克清. 税收制度的分类与税制结构的比较[J]. 税收经济研究，2012（4）.
[159] 周克清. 税制结构与居民消费关系的实证研究[J]. 消费经济，2012（5）.
[160] 周克清，陈本燕. 税制结构优化在扩大内需中的作用[N]. 光明日报（理论版），2012-07-27.
[161] 周克清，项梓鸣. 关于我国地方税系建设的若干思考[J]. 税务研究，2013（11）.
[162] 周克清，毛锐. 税制结构对收入分配的影响机制研究[J]. 税务研究，2014（7）.
[163] 周克清，毛锐，罗欢. 税制结构对劳动收入份额的影响机制研究[J]. 税务与经济，2015（2）.
[164] 周明海，肖文，姚先国. 企业异质性、所有制结构与劳动收入份额[J]. 管理世界，2010（10）.
[165] 周少云. 论建立以产品税为主体的税制模式[J]. 江西财经学院学报，1986（5）.
[166] 周小林，胡斌. 货物劳务税税负对城镇居民收入分配的影响[J]. 税务研究，2011（9）.
[167] 朱明熙，代灵敏. 美国个人所得税对贫富差距的影响——基于1913—2011年经验数据分析[J]. 财经科学，2014（4）.
[168] 朱志钢. 我国税制结构：影响因素分析与优化路径选择[M]. 北京：中国税务出版社，2014.
[169] 钟大能. 我国财产税制改革正当其时——从拉动消费需求、促进经济长期增长的角度分析[J]. 西南民族大学学报（人文社科版），2009（3）.
[170] 卓勇良. 关于劳动所得比重下降和资本所得上升的研究[J]. 浙江社会科学，2007（3）.
[171] 邹蓉. 税收政策促进居民消费需求的路径选择[J]. 财经问题研究，2012（2）.
[172] Arellano，Manuel & Stephen Bond. Some Tests of Specification for Panel

Data: Monte Carlo Evidence and an Application to Employment Equations[J]. The Review of Economic Studies, 1991, 58(2).

[173] Arellano, Manuel & Olympia Bover. Another Look at the Instrumental Variable Estimation of Error-components Models[J]. Journal of Econometrics, 1995, 68(1).

[174] Arnold, J. Do Tax Structures Affect Aggregate Economic Growth? Empirical Evidence from a Panel of OECD Countries[R]. Paris: OECD Economics Department, 2008(51).

[175] Ashworth, John & Bruno Heyndels.Tax Structure Turbulence in OECD Countries [J]. Public Choice, 2002, 111(3): 347-376.

[176] Atkinson, Anthony B. The Changing Distribution of Income: Evidence and Explanations[J]. German Economics Review, 2000, 1(1).

[177] Atkinson, Anthony B. & Joseph E. Stiglitz. The Design of Tax Structure: Direct Versus Indirect Taxation[J]. Journal of Public Economics, 1976, 6: 55-75.

[178] Baer, Werner & Antonio Fialho Galvao Jr.Tax Burden, Government Expenditures and Income Distribution in Brazil[J]. The Quarterly Review of Economics and Finance, 2008, 48: 345-358.

[179] Bailey, Martin J. National Income and Price Level[M]. New York McGraw-hill, 1962.

[180] Baumol, William J.& Wallace E.Oates. The Theory of Environmental Policy[M]. Cambridge University Press, 1988.

[181] Bird, Richard M. & Eric M.Zolt.The Limited Role of the Personal Income Tax in Developing Countries [J]. Journal of Asian Economics, 2005, 16(6): 928-946.

[182] Blanchard, O. J.The Medium Run[J]. Brookings Papers on Economic Activity, 1997(2): 89-158.

[183] Blundell, Richard & Stephen Bond. Initial Conditions and Moment Restrictions in Dynamic Panel Data Models[J]. Journal of Econometrics, 1998, 87(1).

[184] Borge, Lars-Erik & Jørn Rattsø. Income Distribution and Tax Structure: Empirical Test of the Meltzer - Richard Hypothesis[J]. European Economic

Review, 2004, 48: 805-826.

[185] Branson, Johannah & C. A. Knox Lovell. A Growth Maximizing Tax Structure for New Zealand[J]. International Tax and Public Finance, February 2001, 8（2）.

[186] Chen, J.D.et al.The Trend of the Gini Coefficient of China[R]. BWPI Working Paper, 2010, 109.

[187] Cremer, H.& Pestieau, P. & Jean-Charles Rochet. Direct Versus Indirect Taxation: The Design of the Tax Structure Revisited[J]. International Economic Review, 2001, 42（3）: 781-800.

[188] Daudey, Emilie & Cecilia Garc í a-Peñalosa.The Personal and the Factor Distributions of Income in a Cross-Section of Countries[J]. Journal of Development Studies, 2007（5）.

[189] Deran, E. Changes in Factor Income Shares under the Social Security Tax[J]. Review of Economics and Statistics, 1967, 49（4）.

[190] Engel, Eduardo M. R. A. & Galetovic, Alexander & Claudio E.Raddatz. Taxes and Income Distribution in Chile: Some Unpleasant Re-distributive Arithmetic[J]. Journal of Development Economics, 1999, 59: 155-192.

[191] Feldstein, Martin S. Government Deficits and Aggregate Demand[J]. Journal of Monetary Economics, 1982, 9: 1-20.

[192] Giovannoni, Olivier.Functional Distribution of Income, Inequality and the Incidence of Poverty: Stylized Facts and Role of Macroeconomic Policy[R]. The University of Texas Inequality Project, Working Paper, 2010, 58.

[193] Gordon, Roger & We Li.Tax Structure in Developing Countries: Many Puzzles and a Possible Explanation[R]. NBERWorking Paper, 2005, 11267.

[194] Haufler, Andreas & Klemm, Alexander & Guttorm Schjelderup.Economic Integration and the Relationship between Profit and Wage Taxes[J]. Public Choice, 2009, 138（3）: 423-446.

[195] Ho, Tsung-wu.The Government Spending and Private Consumption: A Panel Integration Analysis [J]. International Review o f Economics and Finance , 2001, 10: 95-108.

[196] Hofman, Antre A. Economic Growth , Factor Shares and Income Distribution in Latin American in the Twentieth Century[R]. Working Paper, 2001.

[197] IMF.The Globalization of Labor in World Economic Outlook: Spilloovers and Cycles in the Global Economic[R]. IMF Working Paper, 2007, April.

[198] Jorgenson, D. & Kun-Young Yun.The Efficiency of Capital Allocation[J]. Scandinavian Journal of Economics, 1986, 88: 85-107.

[199] Kaldor, N. Capital Accumulation and Economic Growth[M]. MacMillan, 1961 .

[200] Kaplanoglou, Georia. Household Consumption Patterns, Indirect Tax Structures and Implications for Indirect Tax Harmonization: A Three Country Perspective[J]. The Economic and Social Review, 2004, 35: 83-107.

[201] Karras, G.Government Spending and Private Consumption : Some International Evidence[J]. Journal of Money : Credit and Banking , 1994, 23: 9-22.

[202] Keen, Michael& Lahiri, Sajal & Pascalis Raimondos-Møller. Tax Principles and Tax Harmonization under Imperfect Competition: A Cautionary Example[J]. European Economics Review, 2002, 46 (8) : 1559-1568.

[203] Kneller, Richard & Bleaney, Michael F.& Norman Gemmell.Fiscal Policy and Growth: Evidence from OECD Countries[J]. Journal of Public Economics, 1999, 74: 171-190.

[204] Kromendi, R. C. Government Debt , Government Spending and Private Behavior[J]. American Economic Review, 1983, 73 .

[205] Lane, P. R. Profits and Wages in Ireland, 1987-1996[J]. Journal of the Statistical and Social Inquiry Society of Ireland, 1998, 28 (5) .

[206] Lee, Fitzroy A. Imperfect Competition and Indirect Tax Structure in a Deregulated Telecommunications Sector[J]. Public Finance Review, 2001, 29 (6) : 419-443.

[207] Lee, Young & Roger H. Gordon.Tax Structure and Economic Growth[J]. Journal of Public Economics, 2005, 89: 1027-1043.

[208] Marrero, Gustavo A. Growth, Public Expenditure Composition and Tax Mix in an Endogenous Growth Economy[R]. Documento De Trabajo 2007-02.

[209] Mooij, Ruud A. De & Gaëtan Nicod è me.Corporate Tax Policy, Entrepreneurship and Incorporation in the EU[J]. European Economy-Economic Papers, 2007, 269.

[210] Pigou，A.C.The Economics of Welfare[M]. Macmillan，1920.

[211] Piketty，Thomas & Emmanuel Saez. How Progressive is the U.S. Federal Tax System? A Historical and International Perspective[J]. Journal of Economic Perspectives，2007，21（1）：3–24.

[212] Poterba，J.The Rate of Return to Corporate Capital and Factor Shares：New Estimates Using Revised National Income Accounts and Capital Stock Data[R]. NBER Working Paper，1997，6263：9–22 .

[213] Saez，E.Direct or Indirect Tax Instruments for Redistribution：Short-run versus Long-run[J]. Journal of Public Economics，2004，88：503–518.

[214] Widmalm，Frida.Tax Structure and Growth：Are Some Taxes Better than Others? [J]. Public Choice，2001，107：199–219.

[215] Yamarik，Steven.Nonlinear Tax Structures and Endogenous Growth[J]. The Manchester School，2001，69（1）：16–30.

后记

初次接触税制结构的问题需要回溯到2000年的时候，我校汪孝德教授送我一本他与两位老师合作的专著《中国税制模式设计、预测与运行研究》（西南财经大学出版社，2000年版），让我初识税制结构理论的博大精深。博士毕业留校后的较长一段时间里，我先是延续研究了博士期间的税收竞争问题，后又对应灾应急财政问题感兴趣，但均没有能够深入进行研究。为督促自己更加专注于特定问题的研究，我开始寻求新的出路，终于在2010年获得到中国社会科学院财政贸易经济研究所（现财经战略研究院）做博士后研究的机会。在博士后合作导师高培勇教授的指导下，我选定税制结构作为研究主题。在站期间，我申请获得中国博士后科学基金课题《我国税制结构的非均衡性：改革方向与路径选择》（2011M500474）的资助。在研究过程中，我还曾申请得到四川省哲学社会科学基金、西南财经大学中央高校基本科研业务费等相关项目的资助，2013年更是获得教育部人文社科基金规划项目《税制结构的收入分配效应研究》（13YJA790165）的资助，并于2013年年底以税制结构的非均衡性为题完成了出站报告。在此期间，我指导我的研究生就税制结构问题展开研究，撰写硕士毕业论文或发表学术文章。因此，这本书实际上是多项研究基础上的综合性成果，从某种程度上讲亦是一部合作成果。书稿虽成，似乎可以暂时画上一个句号；回首成书的过程，感慨颇多，需要感谢的人太多，的确不是单纯几行文字所能够完全承载和表达的！

首先要感谢我的博士后合作导师高培勇教授。高老师学识渊博、治学严谨、平易近人，学术视野宽广，学术洞察力敏锐，实乃中国财税学界之大家。感谢高老师将我真正带入中国现实财税问题研究的广阔领域，感谢高老师对我科研工作的帮助，没有他的悉心指导和多次督促，我不可能这么快就完成这部书稿。感谢博士后研究期间财经战略研究院各位领导、同事的支持和帮助，感谢财税学科团队中诸位老师和同人对我的关心与爱护，感谢诸位博士后及同门师兄弟的友谊。感谢在京期间崔军、朱志钢、杨付、王子成等对我生活的照顾。

其次要感谢西南财经大学财税学院院长刘蓉，她既是一位好老师，又是一位好领导，正是在她的支持下我才获得了进京做博士后研究的机会，并在教学科研上得到了她的诸多照顾和指导，而且她还抽出宝贵时间为本书作序；感谢学院刘邦驰教授、王国清教授、汪孝德教授等长期以来的教诲、指导和关怀，祝愿老师们健康长寿；感谢学院诸位领导和同事们的理解和帮助。感谢硕士生刘姁姁、费怀鹏、罗欢、毛锐等在税制结构问题的研究上与我共同探讨，让我教学相长；感谢硕士生张书铭、梅欢等认真细致的校对工作。感谢我的家人，正是他们的支持激励着我在人生道路上坚定信念、不断前行，我取得的所有成绩无疑均有他们的一份。

最后要感谢中国博士后科学基金、四川省哲学社会科学基金、教育部人文社科基金及西南财大中央高校基本科研业务费基金的资助；感谢书稿写作所参考和引用文献的各位作者，本书的完成无不闪耀他们的光辉思想；感谢中国税务出版社的老师们耐心细致的工作。

当然，多年的研究使我深知学无止境，而本人才疏学浅，恳请各位学界前辈和同人对本书批评指正。

周克清

2016年8月